KB268269

선을 지켜라

선을 지켜라

지은이 | 한기채
초판 발행 | 2026. 2. 25.
등록번호 | 제1988-000080호
등록된 곳 | 서울특별시 용산구 서빙고로65길 38 두란노빌딩
발행처 | 사단법인 두란노서원
영업부 | 02)2078-3333　FAX | 080-749-3705
출판부 | 02)2078-3331

책값은 뒤표지에 있습니다.
ISBN 978-89-531-5250-2　03230

독자의 의견을 기다립니다.
tpress@duranno.com　www.duranno.com

두란노서원은 바울 사도가 3차 전도여행 때 에베소에서 성령 받은 제자들을 따로 세워 하나님의 말씀으로 양육하던 장소입니다. 사도행전 19장 8-20절의 정신에 따라 첫째 목회자를 돕는 사역과 평신도를 훈련시키는 사역, 둘째 세계선교(TIM)와 문서선교(단행본·잡지) 사역, 셋째 예수문화 및 경배와 찬양 사역, 그리고 가정·상담 사역 등을 감당하고 있습니다. 1980년 12월 22일에 창립된 두란노서원은 주님 오실 때까지 이 사역들을 계속할 것입니다.

선을 지켜라

흔들릴 때
나를 잡아 주는
인생 기준

한기채

두란노

목차

잘 살고 싶을 때
십계명에서 발견한 인생 기준

《한국 교회 트렌드 2026》(지용근 외 10인, 규장)에 "무속에 빠진 그리스도인"이라는 항목이 있는데, 한국인의 심층 의식에 자리 잡은 무속과 그 무속에 빠지는 그리스도인의 심리와 행태를 통계적으로 분석하고 있다. '케데헌'(케이팝 데몬 헌터스) 같은 한류 문화 가운데 무속이 나오고, 인터넷의 무속 콘텐츠, 길거리에 타로나 심리 상담이라는 이름으로 젊은 세대에 무속이 친숙하게 다가오고 있다.

그런데 그리스도인들조차 무속을 통해 심리적 안정감을 추구하는 경향이 비신자들과 동일하다는 결과다. 최근 3년간 그리스도인의 무속 이용 횟수는 평균 2.7회로, 전체 국민과 비슷한 수준이고, 특히 20대 그리스도인은 4.3회로 일반인보다도 더 자주 무속을 찾은 것으로 나타났다. 그리스도인에게 무속에 대한 의견을 물어보면 굿을 해도 된다는 답변이 17%, 부적은 24%, 고사 지내는 것은 33%, 점보는 것은 50%가 문제없다고 답을 했다. 2030 그리스도인 중 절반 이상이 무속은 금지해야 하는 것이 아니고 상황에 따라 가능하다는 입장이다. 이렇게 신자들의 사고방식에 행운이나 운명, 조상의 음덕이나 주술적 믿음이 깃들어 있다. 그 원인으로 목회자들은 "기복주의 신앙"(52.2%)을 꼽았다.

오늘날 한국 기독교의 쇠퇴는 전 교회적 현상이 되었다. 여기에는 안티 기독교 운동으로 형성된 반기독교적 정서의 영향도 있지만, 그리스도인의 믿음과 삶이 분리되어 형식상, 또는 명목상 신자가 많아진 탓이 크다. 또한 사회 전반을 지배하게 된 세속적 가치와 물질주의에 신자들이 물든 이유도 있다. 내외 청렴도 평가나 대외 신뢰도 조사에 있어서도 기독교나 신자들이 다른 종교나 일반인들에 비해 좋은 평가를 받지 못하고 있다.

이런 위기를 극복하기 위해서는 신앙의 기본을 확립하고, 신앙을 생활화해야 한다. 기독교에 대한 비판 대부분이 진리에 대한 것이 아닌, 실천의 문제인 경우가 많기 때문이다. 열매를 보면 나무를 알 수 있다 했는데, 열매를 보니 나무가 별 볼 일 없다는 것이다. 그리스도인들이 말로는 믿는다고 하지만, 실제 생활에서는 무신론자라는 것이다. 이것이 "실제적 무신론"(practical atheism)[1]이다. 기독교 무신론이다. 바울은 이런 이들을 "하나님을 시인하나 행위로는 부인하니 가증한 자요 복종하지 아니하는 자요 모든 선한 일을 버리는 자니라"(딛 1:16)라고 비판했다.

어디서부터 잘못되었는가? 어떻게 고쳐 나가야 하는가? 이런 때는 기본으로 돌아가야 한다. 우리 신앙생활의 가장 기초가 되는 것은 십계명, 주기도, 사도신경이다. 십계명은 시내산에서 하나님이 직접 돌판에 새겨서 주셨고(출 20장; 신 5장), 주기도는 산상수훈에서 예수님이 가르쳐 주셨고(마 6장), 사도신경은 초기 교회가 교회 공동체의 신앙고백으로 제정한 것이다. 사도신경은 우리에게 "이렇게 믿으라", 주기도는 "이렇게 기도하라", 십계명은 "이렇게 살라"를 가르쳐 주는 것으로, 하나님을 믿는 신자의 교리와 기도와 생활의 기본을 설명해 준다.

이스라엘이 출애굽한 후, 모세는 시내산에서 하나님께 생활신앙과 신앙생활을 위해 십계명과 성막 제도 두 가지를 받았다. 그중에서도 십계명은 하나님이 친히 두 돌판에 써서 모세에게 주셨다. "여호와께서 시내산 위에서 모세에게 이르시기를 마치신 때에 증거판 둘을 모세에게 주시니 이는 돌판이요 하나님이 친히 [손가락으로] 쓰신 것이더라"(출 31:18).

성경의 다른 말씀들은 하나님이 선지자와 같은 사람을 통해 전달하신 것이다. 물론 이 또한 하나님의 계시이지만, 십계명은 하나님이 직접 돌판에 쓰신 것이다. 십계명 외에 하나님이 친필로 쓰신 경우는 다니엘 시대에 벽에 "메네 메네 데겔 우바르신"(단 5:25)이라 쓰신 것과, 예수님이 몸을 굽혀, 무엇인지는 모르지만, 손가락으로 땅에 두 차례 쓰신 경우가 있을 뿐이다(요 8:6, 8).

최초의 두 돌판은 금송아지를 만들어 우상을 숭배하던 이들에게 분노한 모세가 던져 깨트려졌다(출 32:19). 이후 모세가 다시

다듬어 만든 두 돌판에 하나님이 쓰신 것이 전해져 내려왔다(출 34:1). 이스라엘은 이 십계명 돌판을 지성소 법궤 안에 소중하게 보관했다.

하나님이 직접 주신 십계명과 성막 제도는 하나님 자녀들의 생활과 예배에 대한 지침이자 규범이었다. 십계명이 "이렇게 살라"는 것을 가르쳐 준다면, 성막 제도는 "이렇게 예배하라"를 알려 주는 것이다. 이는 평일과 주일의 생활에 대한 가르침이다.

서울신학대학을 졸업할 때 "율법과 은혜"라는 제목의 논문으로 최우수상을 받았다. 학교 신문에도 게재된 이 논문은, 율법도 하나님이 주신 은혜라는 내용이 중심이었다. 예수님은 산상수훈에서 하나님의 뜻과 의도를 따라 율법의 원화를 재생하셨다. 즉 산상수훈을 통해 십계명의 말씀을 다시 바르게 해석하신 것이다. "너희는 이렇게 들었으나 나는 너희에게 말한다"라는 방식으로 살인, 간음, 거짓 맹세 같은 십계명의 말씀을 하나님의 본래 의도대로 설명해 주셨다. 이것은 서기관과 바리새인의 잘못된 해석과 준행을 교정하신 것이다.

십계명에서는 동기와 의도가 중요하다. 예수님은 본래의 하나님 뜻에 따라 십계명을 해석하면서 마음의 의도에 집중하셨다. 이런 의미에서 십계명의 열쇠는 제1계명과 제10계명에 들어 있다. 제1계명 우상을 두는 것과 제10계명 탐욕을 가지는 것은 마음의 동기를 문제 삼는다는 것에서 동일하다. 제1계명과 제2계명이 비슷하게 보이고, 제10계명은 제8계명과 중복되는 것 같지만, 마음의 동기에서 보면 뚜렷이 구별된다. 마음에 품고 있던 것이 행동으로 드러나면 제2계명과 제8계명을 범하는 죄가 된다. 즉 우상을 좇는 마음이 행동으로 나타나면 보이는 우상을 만들게 되고, 탐욕이 행동으로 드러나면 도둑질을 하게 된다.

"내가 너희에게 이르노니 너희 의가 서기관과 바리새인보다 더 낫지 못하면 결코 천국에 들어가지 못하리라"(마 5:20). 여기에서 '서기관과 바리새인의 의'는 옛 계명을 준수하여 구원을 받으려는 율법주의다. 그러나 계명을 지킴으로 구원을 받는 것이 아니다. 구원을 받았으므로 계명을 지키는 것이다.

예수님이 말씀하신 '더 나은 의'는 율법을 지킴으로 얻는 상대적 의가 아니라 은혜로 주어지는 절대적 의다. 구원은 값없이 주어지는 은혜를 통해서 이루어진다. 하나님이 주신 계명 역시, 행위 이전에 마음의 동기를 문제 삼는다. 그리스도 안에서 율법의 요구를 이루어야 한다. 율법 신앙이 아니라 은혜 신앙이다. 그러나 은혜가 값싼 은혜가 되지 않기 위해서는 제자도가 필요하다. 구원의 은혜가 먼저이지만, 그 은혜를 지키며 살아가는 것이 말씀대로 사는 삶이다.

구원받은 사람은 하나님 자녀다운 삶을 살아야 한다. 십계명은 바로 그러한 삶의 기준이자 가이드라인이다. 십계명은 "너희가 이것을 지켜라. 그러면 구원을 받으리라"고 주신 것이 아니다. 오히려 "하나님이 너희를 구원하셨다. 그러므로 이렇게 살아야 한다"고 주신 것이다.

예수님은 율법을 폐하기 위해 온 것이 아니라 완전하게 하기 위해 왔다고 말씀하셨다(마 5:17). 예수님은 십계명을 바르게 해석해 주심으로 신약에서도 사실상 십계명을 다시 선포하신 것이다. 우리가 의롭다 함을 받은 것은 예수님의 십자가 보혈을 통해서이지만, 우리가 하나님의 자녀다운 삶을 살기 위해서는 이 말씀을 지켜야 한다.

십계명은 하나님의 은혜로 이미 얻은 구속의 관계를 유지하는 수단이다. 그러므로 지금도 여전히 십계명을 가르쳐야 한다. "내가 애굽 사람에게 어떻게 행하였음과 내가 어떻게 독수리 날개로 너희를 업어 내게로 인도하였음을 너희가 보았느니라 세계가 다 내게 속하였나니 너희가 내 말을 잘 듣고 내 언약을 지키면 너희는 모든 민족 중에서 내 소유가 되겠고 너희가 내게 대하여 제사장 나라가 되며 거룩한 백성이 되리라"(출 19:4-6).

아더왕의 전설 중 다음과 같은 이야기가 있다. 아더왕은 그 유명한 보검 엑스칼리버를 받을 때, 칼집도 함께 받았다. 하루는 마법사 멀린이 아더왕에게 "폐하는 검과 칼집 중에 어떤 것이 더 마음에 드십니까?"라고 물었다. 아더왕은 대답했다. "그야 물론 검이지." 그러자 멀린은 실망한 표정으로 말했다. "이 칼집은 검의 몇 배나 되는 가치를 가지고 있습니다."

사실 엑스칼리버의 칼집은 검 못지않게 신비로운 것으로, 상처를 치유할 뿐 아니라 병들지 않게 몸을 지켜 주는 능력이 있었다. 멀린은 적을 베는 검보다는 몸을 지키는 칼집이 더 중요하다고 왕에게 이야기했다.

검은 쓸 일이 없을수록 좋다. 그러나 칼집은 언제나 필요하다. 여기서 칼집은 지도자의 리더십, 분별력, 성품에 해당한다. 아무리 탁월한 능력과 지식을 가지고 있더라도 그것을 담을 그릇이 준비되지 않으면 자신과 타인에게 해가 될 수 있다. 보검은 칼집에 잘 보관해야 자신도 다치지 않고 남도 상하게 하지 않는다. 하나님이 주신 구원은 삶에 자유와 평안과 축복을 가져다준다. 십계명은 이러한 그리스도인의 삶을 위한 칼집이다.

출애굽기 20장에서 주어진 십계명은 신명기 5장 모세의 마지막 설교에서 다시 선포된다. 출애굽기 20장의 십계명은 하나님이 출애굽 세대에게 주셨던 것인데, 40년이 지나서 신명기 5장의 광야 세대에게 다시 주어진 것이다. 더구나 모세는 십계명이 지나간 세대를 위한 말씀이 아니며, 오늘을 살아가는 우리 세대에게 주시는 말씀이라고 분명히 밝힌다. "이 언약은 여호와께서 우리 조상들과 세우신 것이 아니요 오늘 여기 살아 있는 우리 곧 우리와 세우신 것이라"(신 5:3). 십계명은 영원한 현재의 말씀이다. 십계명은 하나님이 주신 은혜의 선물이기에 하나님의 뜻과 의도를 잘 드러낸다.

출애굽기 20장 1절에 나오는 "이 모든 말씀으로 말씀하여"에서 "말씀"은 "십계명"(출 34:28; 신 4:13, 10:4)으로 번역되는 '아세레트 하드바림'(Aseret Hadebarim)으로 '열 마디 말씀'이란 뜻이다. '십계명'이라는 용어 '하드바림'은 '계명'보다는 '말씀'으로 번역하는 것이 옳다. 영어로는 '데칼로그스'(Decalogues)인데, '데카'는 '열', '로고스'는 '말씀'이다.

우리가 하나님의 열 마디의 말씀도 순종하지 못한다면 하나님의 사람이라고 말할 수 없다. 하나님의 말씀에 순종하는 데는 어떠한 타협도 있을 수 없다. 하나님은 당신이 택하고 구원하신 백성들에게 무겁거나 무서운 '계명'을 주시는 분이 아니다. 하나님을 사랑하는 방법을 가르쳐 주고자 은혜로 주신 말씀인 것을 기억해야 한다. 따라서 십계명은 일반적인 의미의 법이 아니라 인생의 도리를 가르쳐 주는 말씀으로 이해해야 한다.

하나님이 모든 말씀을 한자리에서 단번에 하신 이유는 열 개의 말씀이 서로 연관되어 있기 때문이고, 모든 것을 간단하게 요약한 것이기 때문이다. 이 말씀이 오경의 중심, 역사를 판단하는 기준, 선지서의 핵심, 지혜 문학의 주제가 된다.

하나님의 계명은 사랑과 축복의 선물이다. 그래서 이스라엘은 자신들이 받은 계명을 자랑스럽게 여기고 즐거워하며 주야로 묵상했다(시 1:2). 하나님은 인간 외에 어떤 다른 피조물에게도 법을 주시지 않았다. 법은 인간에게 은혜로 주신 특별한 선물이다. 원래 법은 나쁜 의도가 아니고, 선한 의도로 제정되었다. 그렇기 때문에 은혜를 망각하고 모든 것을 법으로 환원하는 바리새인의 율법주의를 예수님과 바울은 강하게 비판했다. 사랑과 은혜가 사라진 법은 얽매거나 억압하는 수단일 뿐이고, 힘 있는 자는 지키지 않고 힘없는 자만 지키는 불평등한 법으로 전락하는 것이다.

예수님과 바울이 율법주의를 비판했지만 율법을 폐한 것은 아니다. 당시 유대인들은 율법주의가 문제였지만, 오늘 우리는 반대로 무율법주의가 문제다. 우리는 신앙생활의 기본이 되는 십계명조차 모르고 지키지 않는다. 이런 경우에는 오히려 계명을 제대로 가르쳐 지키게 해야 한다.

"일생에 한 번은 헌법을 읽으라"는 말이 있는 것처럼 오늘을 사는 한국 교회 신자들도 신앙의 근간을 이루는 십계명을 제대로 한 번 읽는 것이 필요하다. 세상에서도 법에 대해 좋은 태도를 지녀야 한다. 법에 대한 정신이 중요하다. 법은 좋은 것이고 존중되고 지켜야 하는 것이다. 한국 사람은 법에 대한 감정이 좋지 않은 편인데, 그러면 선진국이 되기 힘들다. 아마도 일제 강점기나 민주화 이전에 법에 대한 나쁜 인식이 남아 있어서인지도 모른다. 국민이 법을 우습게 알면 법치주의가 불가능하다. 법과 자유는 반대가 아니다. 법은 자유의 정신이다. 법은 우리를 규제하는 것이 아니라 질서 있고 조화롭게 살 수 있는 자유를 보장해 준다.

우리는 십계명과 교회법뿐 아니라 세상 법도 잘 지켜야 한다. 이를 위해서는 물론 법을 잘 제정해야 한다. 그러나 대한민국 국회의 현실은 정파의 이익에 따라 법을 바꾸고, 여론의 추이에 따라 악법도 제정하고 있다. 이것이 큰 문제다. 본래 법은 좋은 것이다. 법은 공정한 것이다. 법은 편리한 것이다. 법은 누구나 지켜야 하는 것이다. 법 앞에서는 누구나 평등해야 한다. 법치주의 국가가 되어야 한다.

십계명은 크게 보면 "하라"와 "하지 말라"는 두 가지 종류의 명령으로 되어 있다. 임마누엘 칸트(Immanuel Kant)는 이런 명령을 '정언 명령'(categorical imperative), 즉 어떤 상황에서도 무조건적으로 지켜야 하는 명령이라 규정했다. 행동 자체가 목적이 되는 것이다. 물론 율법에는 "이런 경우에는 이렇게 하고, 저런 경우에는 저렇게 하라"는, 상황에 따라 달라지는 '가언 명령'(hypothetical imperative)도 있다. 이 경우엔 행동이 특정한 목적을 이루기 위한 수단이 된다.

그런데 정언 명령은 어느 시대, 어떤 상황, 어느 누구에게든 변하지 않는 명령이다. 십계명은 모두 정언 명령이다. 어느 때, 어느 장소, 어떤 문화, 어떤 사람을 불문하고 반드시 지켜야 하는 하나님의 명령이다. 십계명은 상황이나 인간의 의지에 따라 달라지는 '계명'(미쯔보트; mitzvot)과는 다르다. 그러므로 십계명은 여러 계명 중 하나가 아니라 모든 "계명 위에 존재하는 원리"다.[2]

십계명은 두 개의 "하라"와 여덟 개의 "하지 말라"는 명령으로 구성되어 있다. 이 중 두 개의 "하라"는 제4계명 "안식일을 기억하여 거룩하게 지키라"와 제5계명 "네 부모를 공경하라"다. 둘 외에는 모두 "하지 말라"는 명령이다. "하라"는 것을 '하지 않으면' 죄를 짓는 것이고, "하지 말라"는 것을 '하면' 죄가 된다. 그런데 "하지 말라"는 명령에는 "하라"보다 더 적극적인 의미가 담겨 있다. 십계명의 부정적 형식은 긍정적인 뜻을 내포하고 있다. "죄가 금지된 곳에는 그 반대의 의무가 있다"(《웨스트민스터 대요리문답》 제99문항).

제10계명은 613개 계명으로 이루어진 율법(토라) 전체를 요약한 것이다. 왜 열 개일까? 손가락이 열 개니까 하나씩 헤아리면서 잊지 말라는 뜻이다. 예수님은 이를 다시 '사랑의 이중 계명'으로 요약하셨고, 이는 결국 "사랑하라"는 하나의 계명이 된다.

이렇게 요약하는 것은 그 중심 뜻을 잊지 않기 위해서다. 모든 것을 관통하는 것은 '사랑'이다.

십계명은 계명의 나열이 아니라 하나님의 권고(exhortation)다. 하나님이 먼저 행하신 구원 행위로부터 오는 가르침, 혹은 자유로운 삶을 향한 지침이다.[3] 하나님이 우리를 선택하셨다. 하나님은 은혜부터 주셨다. 구원부터 하셨다. 그러면 어떻게 이러한 자유와 복을 빼앗기지 않고 계속 누리며 살아갈 수 있을까? 십계명은 이런 질문을 가지고 읽고 해석해야 한다. 이것이 십계명에 대한 신학적인 근거를 제공해 준다.

십계명을 수여하면서 하나님은 지금까지의 모든 역사를 상기시켜 주신다. 하나님이 하신 일들이 계명의 배경이다. 계명을 주신 하나님은 바로 출애굽 사건을 일으키신 분이다. 율법과 계명은 이스라엘 구원의 역사에 깊이 뿌리내리고 있다. 이스라엘 역사를 알지 못하면 하나님의 계명을 이해할 수 없다. 계명은 진공 상태가 아니라 특정한 시간과 장소 안에서 주어진 것이다.

하나님의 은혜의 행동이 십계명 언약의 근저를 이룬다. 그러므로 십계명을 은혜의 콘텍스트(context) 안에서 이해해야 한다. 은혜가 없으면 아무것도 아니다. 콘텍스트 없는 유명무실한 계명의 나열이 아니다. 계명을 지키는 것은 출애굽 사건을 철저하게 기억하는 것으로부터 시작된다(신 8:2, 11-14, 18). 당위(Sollen)보다 존재(Sein)가 우선한다. 즉 당위는 존재에서 나온다.[4] 하나님의 자녀가 되는 것에서 자녀의 생활이 나온다. 우리 존재의 변화가 먼저이고, 그에 따라 우리 행위가 달라진다. 율법이나 계명을 지킴으로 구원에 이르는 것이 아니라 구원받았기 때문에 율법과 계명을 지킨다.

십계명에 기초한 기독교 윤리는 출애굽의 구체적인 신앙 사건에서 나온다. 출애굽의 구원 사건에서 기독교 윤리를 이끌어 내는 것이다. 엄밀한 의미에서 기독교 윤리는 구원받은 자들을 위한 윤리다. 구원받아 하나님의 백성이 되었으므로 하나님 백성다운 삶을 살아야 하는 것이다. 여기에서 신앙적 차원과 윤리적 차원은 불가분의 관계에 놓인다.[5]

십계명 하나하나에 흐르는 정신적 기조는 출애굽 사건과 관련되어 있기에 십계명은 원칙상 하나다. 하나님이 역사 속에서 행하신 원리에 따라 계명들이 주어진다. 하나님이 하신 일이 본보기(model)가 되고, 이것이 인간 행동의 동기(motive)를 제공한다. 그러므로 윤리적인 삶은 율법을 앎으로가 아니라 하나님이 하신 일을 앎으로써 가능하다. 먼저 하나님을 아는 것이 중요하다. 하나님을 아는 만큼 말씀을 더 잘 지킬 수 있다.

율법은 하나님을 알려 주는 도구다. 구원의 콘텍스트 안에서 율법은 기독교 윤리의 새로운 법이 된다.[6] 계명은 새로운 것이기보다는 이스라엘의 역사 속에 이미 내재되어 있던 것들, 하나 님이 이미 말씀하셨으나 받아들이지 못한 것들이 출애굽 구원 사 건을 통해 비로소 확실한 권위를 갖춘 모습으로 드러난 것이다.

하나님은 노예 생활을 하던 이스라엘에게 해방과 자유를 주 셨다. 애굽으로부터 자유롭게 된 노예들은 이제 하나님과 새로 운 방식으로 관계를 맺게 되었다. 십계명 언약은 이스라엘이 특 별한 방식으로 하나님께 대한 의무를 가지게 됨을 보여 준다. 물론 십계명의 조항들은 그들 자신에게 유익한 것이다. 이 언약 을 지킴으로 명목상의 이스라엘은 내용상의 이스라엘이 된다. 십계명은 이스라엘을 규제하기 위한 법이 아니라 자유에 대한 선언이다. 윤리적인 행위는 온전한 자유에 기초해 요구된다.

고등종교와 자연종교의 차이는 윤리관에 있다. 어떻게 하면 복을 받는가, 어떻게 하면 재앙을 피하는가에 관심을 기울이는 자연종교는 윤리에 관심이 없다. 그러나 고등종교는 어떻게 살 것인가에 관심을 기울인다. 오늘날 기독교가 기복종교화된다 고 우려하는 것은 어떻게 살 것인가에 대한 관심은 없고, 오직 복을 받는 것에만 관심이 있기 때문이다.

하나님이 주신 자유를 향유하고 보존하기 위해서는 거룩한 삶을 살아야 한다. 신앙생활의 목적은 거룩함이다. 구원받은 하나님 자녀의 삶은 거룩해야 한다. 십계명이나 성막 제도의 목적은 모두 거룩한 삶을 살도록 돕는 데 있다. "너희는 거룩하라 이는 나 여호와 너희 하나님이 거룩함이니라"(레 19:2). "오직 너희를 부르신 거룩한 이처럼 너희도 모든 행실에 거룩한 자가 되라 기록되었으되 내가 거룩하니 너희도 거룩할지어다 하셨느니라"(벧전 1:15-16).

왜 지금도 십계명이 필요한가? 그리스도인들이 세상에서 하나님의 자녀다운 삶을 살아야 하기 때문이다. 우리가 세상에서 다른 기준과 가치관을 가지고 산다는 것은 말만 가지고는 설명이 부족하다. 우리에게는 하나님이 그어 주신 선, 우리 인생의 방향을 잡아 줄 분명한 인생 기준이 필요하다. 우리의 삶이 바로 세상 사람들이 읽을 수 있는 성경이다. 예수님을 따르는 구별된 생활로 드러나야 한다.

구약의 요구 가운데 의례나 음식 규정 등은 이미 예수님 안에서 이루어졌다. 그러나 생활에 관련된 윤리 규정은 아직도 유효하다. 더구나 무제한 낙태합법화와 포괄적 차별금지법이 추진되고 안락사를 합법화하려는 사회적 분위기에 대하여 그리스도인들이 분명한 입장을 가져야 한다.

선교지나 교회에서 짧은 시간에 기독교 윤리의 핵심을 가르쳐 달라는 요구를 받기도 한다. 그때 망설임 없이 내밀 수 있는 것이 바로 십계명이다. 더구나 은혜를 내세우면서 무율법주의

처럼 법을 무시하는 신앙생활에서는 십계명을 반드시 가르쳐
야 한다. 그래야 신앙생활의 기본을 세울 수 있다. 그런 의미에
서 이 책을 '십계명 사용 설명서'로 감히 내놓는다.

연세대학교와 밴더빌트(Vanderbilt) 대학교에서 구약과 윤리
를 가르쳐 주신 박준서, 김중기, 하워드 해로드(Howard Harrod), 제
임스 바(James Barr), 월터 해럴슨(Walter Harrelson), 더글러스 나이트
(Douglas Knight), 빅터 앤더슨(Victor Anderson) 교수님들께 감사드리며
이 책을 바친다. 이 말씀을 함께 먼저 나눈 중앙성결교회 120주
년을 축하하며 교정을 도와준 김찬홍 목사와 두란노 편집부에
도 감사드린다.

중앙성결교회 서재에서

한기채 목사

1
내 안의 우상

짝퉁 신을 버리고
하나님만을 섬기라

▌ 십계명 서언에 담긴 특별한 관계

"하나님이 이 모든 말씀으로 말씀하여 이르시되 나는 너를 애굽 땅, 종 되었던 집에서 인도하여 낸 네 하나님 여호와니라"(출 20:1-2). 십계명의 시작, 서언이다. 유대인들은 이것을 제1계명으로 본다. (유대교는 제1, 2계명을 나누어 두 계명으로 보고, 가톨릭은 제1, 2계명을 합해 하나의 계명으로, 대신 제10계명을 제9, 10계명으로 나눈다.) 이는 다른 종교법들과 차별된다. 하나님이 '언제', '누구에게', '왜' 십계명을 주셨는지를 먼저 알아야 한다.

십계명은 출애굽 사건 이후, 하나님의 언약 백성에게, 하나님의 자녀답게 살라고 주신 선물이다. 하나님의 법은 우리에게 일방적으로 부과된 것이 아니고, 하나님이 우리를 위해 행하신 일에 기초하여 우리에게 요구된 것이다. 다시 말해, 하나님의 선행 사건에 응답하는 우리의 합당한 행동이 요구된다. 하나님의 구원 사건이 나의 행동의 근거가 된다.

십계명은 하나님의 구원 사건을 체험한 하나님의 자녀에게 올바른 생활을 자연스럽게 안내한다. 십계명 안에서 하나님의 자녀다운 삶을 살고, 예수님의 제자가 되는 것이다. 신앙의 의식화(정체성)와 신앙의 생활화(윤리)가 십계명 안에서 연결된다. 하나님의 자녀 됨에서 예수님을 따라 살아가는 제자로 나아가는 것이다.

십계명을 주시기 전, 출애굽기 19장까지의 하나님의 역사는 창조와 구원의 역사다. 이 창조와 구원의 역사에 이어 출애굽기 20장에 십계명이 등장한다. 십계명은 창조주 하나님의 '인간 사용 설명서'다. 하나님이 창조하신 목적에 따라 '인간이 어떻게 살아야 하는지'를 가르쳐 준다. 성경의 다른 부분은 이에 대한 상세한 설명이요, 주석이다. 마르틴 루터(Martin Luther)는 〈대요리문답〉에서 "십계명을 알면 전체 성경을 완벽하게 안다"고 했다. 십계명은 하나님이 구원하신 인간이 어떻게 살아야 하는지를 알려 주고 있다.

하나님은 먼저 스스로를 우리에게 소개하신다. "나는 너를 애굽 땅, 종 되었던 집에서 인도하여 낸 네 하나님 여호와니라"(출 20:2). 하나님의 자기소개서다.

　"나는 … 네 하나님", "나는 너를"에 하나님과 나의 개별적인 2인칭 관계, 인격적인 관계, 언약 관계가 분명하게 드러나 있다. 이스라엘에는 당시 주변의 절대왕정이나 봉건제도처럼 '사람 위에 사람'이 있는 제도가 없었다. 모든 인간은 평등하고 오직 하나님만을 섬기는 공동체다. 하나님과 인간 사이에는 오직 언약만이 존재한다. 이스라엘은 언약 관계에 계신 하나님만이 다스리시는 민족이었다.

　인간의 법이 아니라 하나님의 언약이 나의 삶을 이끌어 간다. 하나님은 우리와의 언약을 통해 '나는 너의 창조자', '나는 너의 구원자', '나는 너의 보호자', '나는 너를 사랑하는 자', '나는 너를 축복하는 자', '나는 너를 위해 능력을 베푸는 자'가 되신다. 하나님과 계속해서 이 특별한 관계를 맺기 위해서는 이 언약을 지켜야 한다.

　"애굽 땅, 종 되었던 집에서 인도하여 낸"에서 하나님과 나의 관계에 이어 하나님이 하신 일이 나온다. 나를 구원하신 일, 구원의 역사다. 십계명은 하나님의 은혜로 이미 얻은 구원의 관계를 유지하는 수단이다. 먼저는 하나님이 어떤 분이시며 무슨 일을 하셨는지를 우리와의 관계를 통해 설명한다. 십계명을 주신 분은 창조와 언약의 하나님, 구원하시고 복을 주시는 하나님이시다. 그러므로 우리는 구원받은 자유인이다.

　십계명 서언은 헌법의 전문에 해당하는 것으로, 먼저 하나님 자신을 소개하고, 하나님이 행하신 일을 말한다. 서언에는 하나님과 이스라엘 백성 간의 특별한 관계가 언급되어 있다. 만일 아무런 관계가 없는 사람이나 신이 규범을 준다면, 이를 받아들이는 측에서 이의를 제기할 뿐 아니라 지키려고도 하지 않을 것이다. "당신이 누군데 나에게 이렇게 하라, 저렇게 하라 명령하는 거야?" 항의할 것이다.

그러나 이스라엘에게 계명을 주신 하나님은 그들을 애굽에서 구출해 내시고, 홍해를 가르시며, 하늘로부터 양식을 내려 먹이시면서, 구름 기둥과 불 기둥으로 광야 길을 인도하신 분이다. 그러므로 계명의 수여가 당연할 뿐 아니라 그 말씀은 이스라엘에게 권위 있게 다가올 수밖에 없다.

하나님이 이스라엘에게 단순히 법을 명령하시는 분이 아니라 그들을 먼저 구원하셨음을 밝히고, 그 구원 행위에 기초한 배타적이고 특수한 하나님과 이스라엘의 관계를 설명하기에 십계명 서언은 매우 중요하다.

반면에 이스라엘은 구원을 받았지만 아직도 애굽에서 400년간 종노릇하던 노예 근성과 애굽의 문화와 생활 방식에 젖어 있었다. 그들의 마음, 생각, 언어, 행동, 습관, 가치관, 세계관은 구원받기 이전의 모습 그대로였다. 십계명의 말씀을 거꾸로 뒤집으면 딱 현재 그들의 모습이다. 그들은 끊임없이 우상을 만들어 섬기고, 음란하고, 불효하고, 죽이고, 훔치고, 속이고, 탐욕을 부리며 안식을 모르고 살아갔다.

하나님은 그들에게 종에서 자유, 죄에서 용서, 두려움에서 자유, 불행에서 행복, 고역에서 안식, 죽음에서 생명, 멸망에서 구원을 선포하신다. "너희들은 더 이상 노예가 아니다. 너희는 자유자다. 너희는 사랑받는 하나님의 자녀다."

제1계명은 다음과 같다. "너는 나 외에는 다른 신들을 네게 두지 말라"(출 20:3). "나 외에는"이라는 말은 '내가 있는 곳에'(in my presence)란 의미다. 하나님 면전에서 감히 다른 신을 두다니, 있을 수 없는 일이다. 하나님과 나란히, 또는 하나님 곁에 '다른 신을 위한 자리는 절대로 없다.' 오경에 기록된 율법 중 50개 이상이 우상 숭배 금지에 대한 것이고, 유대교에서 우상 숭배는 사형에 해당하는 죄였다.[1] 유일신론의 반대는 무신론이 아니라 다신론 또는 우상 숭배다. 우리는 의식적이든 무의식적이든 누군가 혹은 무엇인가를 섬기고 있다. 아무것도 섬기지 않는 사람은 없다. 무신론자들조차 자기 자신을 섬긴다.

"다른 신들"은 모두 인간이 만든 짝퉁 신들이지만 인간의 마음을 차지하기 위해 전쟁을 벌이고 있다. 다른 신들이 실제로 존재한다는 것이 아니라 우리가 다른 신을 만들어 마음에 둔다는 것이다. 그래서 우상이다. 우리의 마음은 거짓 신들의 전쟁터다. 그러므로 무엇보다 마음을 잘 지켜야 한다. "모든 지킬 만한 것 중에 더욱 네 마음을 지키라 생명의 근원이 이에서 남이니라"(잠 4:23).

우상 숭배는 하나의 죄가 아니라 부패한 마음이다. 부패한 마음은 우상을 대량 생산하는 공장이 되기 쉽다. 역사와 문화에 따라 우상의 종류도 달라지는데 과거에 비해 현대에는 더 많은 우상을 대량 생산하고 있다. 하나님보다 더 중요하게 여기는 것, 그것이 우상이고, 마음에 하나님이 아닌 다른 것들을 두는 것이 우상 숭배다.

첫 계명은 예배의 대상에 대한 것으로, 영적, 내면적 예배를 가르친다. 이는 예배 대상에 대한 예배자의 마음의 의도를 강조하는 것으로, 분열된 마음이 아니라 하나의 순전한 마음으로 '마음을 다하고 뜻을 다하고 정성을 다하여' 오직 하나님만을 섬길 것을 말하고 있다.

▍우상 숭배가 왜 첫 단추인가

십계명은 가치의 우선순위에 따라 배열되어 있기에 순서도 중요하다. 따라서 첫 계명이 가장 중요하며 모든 계명의 기초가 된다. 첫 계명은 전체 십계명의 요약이며 기독교의 초석[2]이기에 다른 계명들 준수의 진정성에 대한 내적 척도가 된다. 우리가 다른 계명들을 범하게 되는 것은 바로 제1계명을 제대로 지키지 않기 때문이다. 첫 단추를 잘못 잠그면 모두 어그러진다.

우상 숭배는 많은 죄 가운데 하나가 아니라 모든 죄를 낳는 가장 큰 죄다. 우상은 하나의 나무이고, 거기에 다른 죄들이 주렁주렁 매달리는 것이다. 모든 죄의 뿌리는 우상 숭배다. 따라서 제1계명을 어기지 않고 다른 계명을 어길 수 없다. 다른 계명을 범했다면 반드시 거기에는 우상 숭배가 포함되어 있다.

바울은 아담과 하와의 선악과 사건을 예로 들어 죄가 들어오는 과정을 다음과 같이 설명한다. "스스로 지혜 있다 하나 어리석게 되어 썩어지지 아니하는 하나님의 영광을 썩어질 사람과 새와 짐승과 기어다니는 동물 모양의 우상으로 바꾸었느니라 … 이는 그들이 하나님의 진리를 거짓 것으로 바꾸어 피조물을 조물주보다 더 경배하고 섬김이라 주는 곧 영원히 찬송할 이시로다 아멘"(롬 1:22-23, 25).

선악과는 아담과 하와에게 우상이 되었다. 그들에게 선악과는 "먹음직도 하고 보암직도 하고 지혜롭게 할 만큼 탐스럽기도 한 나무"(창 3:6)의 열매로 보였다. 우리의 눈과 마음에 좋은 것, 사랑스러운 것, 부러운 것, 얻고 싶은 것일수록 우상이 되기 쉽다. 우리는 우리 마음이 가장 갈망하는 것을 신격화해 우리 삶의 중심에 둔다. 이는 하나님 대용품, 즉 "가짜 신"(Counterfeit god)이다.[3]

신자가 하나님을 사랑하고 믿고 하나님께 순종하는 것처럼, 우상 숭배자도 우상을 사랑하고 믿고 우상에게 순종한다. 우상 숭배자는 우상이 만든 세계를 통해 자신과 세상을 바라본다. 우상 숭배자의 삶의 의미와 목적, 가치관, 세계관, 성공과 실패의 기준, 행복과 불행의 개념은 우상의 기준에 따라 재정

의된다. 선을 악이라 하고 악을 선이라고 주장하는 것도 우상 때문이다.

그래서 신자와 우상 숭배자의 세계관과 가치관은 서로 다를 수밖에 없다. 한마디로, 우상 숭배자는 세상의 프레임에서 자신과 세상을 보는 것이다. 예를 들어, 바다에서 일하는 사람은 바다가 원하는 것을 준다고 절대화하고 두려워하면서 바다를 섬기며 어구 앞에 제사를 드린다. 하나님이 주시는 은혜의 수단이 목적이 되는 것이다. "그물에 제사하며 투망 앞에 분향하오니 이는 그것을 힘입어 소득이 풍부하고 먹을 것이 풍성하게 됨이니이다"(합 1:16).

자본이 지배하는 세상에서 자신의 가치를 생산성과 성과로 평가하며, 자신의 정체성을 직업과 소득으로 평가하는 것이 바로 우상 숭배다. 지금 세상에는 세련된 우상 숭배자들이 지천에 널려 있다. 그리스도인이라고 예외가 아니다. 일이 우상이 되고, 인기가 우상이 되고, 성욕이 우상이 되고, 물질이 우상이 되고, 탐욕이 우상이 되고, 허영이 우상이 되었다. 그리스도인인지, 아닌지 도무지 구분이 안 된다. "그러므로 땅에 있는 지체를 죽이라 곧 음란과 부정과 사욕과 악한 정욕과 탐심이니 탐심은 우상 숭배니라"(골 3:5).

첫 번째 계명은 하나님을 내 인생의 첫 번째 자리에 모시라는, 즉 하나님 제일주의로 살라는 말씀이다. 하나님만이 유일한 신이시며, 우리의 예배를 받기에 합당한 분이시다. 우리의 마음을 다른 것에게 주지 말라는 것이다. "나는 처음이요 나는 마지막이라 나 외에 다른 신이 없느니라"(사 44:6).

내 마음과 뜻과 목숨을 다하여 하나님을 사랑하고 있는가? 나의 마음이 무엇을 향해 있고, 나의 시간이 어디에 사용되고 있으며, 나의 물질이 어디에 쓰이고 있는지를 보면, 내가 섬기는 신이 무엇인지 쉽게 알 수 있다. 인터넷 또는 유튜브에 어떤 단어를 가장 많이 검색하는지를 보면 나의 우상이 무엇인지 단번에 알 수 있다. 내가 무엇 때문에 실망하는지, 무엇에 대해 불평하는지, 무엇을 걱정하는지, 무엇을 의지하는지를 보아도 나의 우상을 알 수 있다.

"이스라엘아 들으라 우리 하나님 여호와는 오직 유일한 여호와이시니 너는 마음을 다하고 뜻을 다하고 힘을 다하여 네 하나님 여호와를 사랑하라"(신 6:4-5). "네 마음을 다하고 목숨을 다하고 뜻을 다하여 주 너의 하나님을 사랑하라"(마 22:37).

▎마음의 보좌는 하나여야 한다

십계명은 이론적이나마 하나님의 유일하심을 전제하지 않고 다른 신들의 존재를 가정하고 시작한다. 사실은 실재하지 않는 거짓 신들이지만 사람들이 그렇게 생각하지 않기 때문이다. 프랑크 크뤼제만(Frank Crüsemann) 교수는 "하나님이 유일자인 교설에서 하나님을 다신론적으로 이야기할 때는 하나님 그 자체에 대한 이야기가 아니라 단지 '인간에 의해 경험되는 하나님'이라는 하나의 특정 맥락에서 이야기된 것으로 보아야 한다"고 말했다.[4]

고대 근동의 종교적 상황은 강한 다신론적 문화의 영향 아래 있었다. 설령 다른 신들이 존재한다 하더라도 그들은 이스라엘에게 어떤 의미도 없으며 아무 힘도 행사할 수 없다. 다른 신들을 두지 않는 것은 우리에게 오직 한 하나님만 있다는 것이다. 오늘날 이 계명을 잘 지키기 위해서는 종교혼합주의나 종교다원주의에 대한 경계도 필요하다.

하나님께 지혜를 선물로 받을 만큼 훌륭한 왕이었던 솔로몬은 잘못된 혼인 정책으로 타락하고 말년에 비참한 사람이 되었다. 그는 바로의 딸, 모압, 암몬, 에돔, 시돈, 헷 여인과 통혼하여 후궁이 700명, 첩이 300명이나 되었다. "솔로몬의 나이가 많을 때에 그의 여인들이 그의 마음을 돌려 다른 신들을 따르게 하였으므로"(왕상 11:4).

그 결과 솔로몬은 하나님 옆에다 우상을 두게 되었다. 시돈의 아스다롯, 암몬의 밀곰과 몰록(인간을 불살라 제물로 바치게 하는 신), 모압의 그모스 우상에게 분향했다. 하나님이 솔로몬에게 두 번씩이나 "다른 신을 따르지 말라 하셨으나 그가 여호와의 명령을 지키지 않았으므로"(왕상 11:10), "내가 반드시 이 나라를 네게서 빼앗아 네 신하에게 주리라"(왕상 11:11)는 말씀대로 그의 아들 때에는 나라가 분열되었다.

심지어 이스라엘은 성막 번제단 곁에 바알의 단을 두기도 했다. 농경의 신을 숭배하는 가나안 사람들처럼, 가나안 땅에서 보험을 드는 것으로 생각했는지 모른다. 하나님을 광야 유목의 신으로 생각하여, 가나안에 정착하여 농사를 짓기 위해서는 양다리를 걸쳐야 된다고 생각한 것이다. 교회에서는 하나님을 예배하지만, 세상에 나가서는 세상 사람들이 섬기는 신을 예배하는 것이다. 하나님께 마음을 다하지 않고 마음을 나눈 것이다.

"다른 신들"을 둔다는 것은 한정적이고 부분적인 가치를 지니고 있는 것들에게 절대적이고 완전한 가치를 부여하거나, 그렇게 착각하고 충성하여 생활의 척도로 삼는 행위다. 하나님 앞에 다른 신을 놓는 것은 두 개의 마음을 품는 것이다. 그 두 가지 기준에서 갈피를 잡지 못하고 오락가락하는 것이다.[5] 하나님께 전적으로 헌신해야 한다. 절대로 양다리 걸치기는 안 된다. 하나님의 보좌가 하나이듯[6] 우리 마음의 보좌도 하나다.

세겜에서 여호수아는 다음과 같이 유언했다. "그러므로 이제는 여호와를 경외하며 온전함과 진실함으로 그를 섬기라 너희의 조상들이 강 저쪽과 애굽에서 섬기던 신들을 치워 버리고 여호와만 섬기라 만일 여호와를 섬기는 것이 너희에게 좋지 않게 보이거든 너희 조상들이 강 저쪽에서 섬기던 신들이든지 또는 너희가 거주하는 땅에 있는 아모리 족속의 신들이든지 너희가 섬길 자를 오늘 택하라"(수 24:14-15상).

여호수아는 선택하라고 말한다. 유프라테스강 저편 조상들의 신이든지, 종살이했던 과거 애굽의 신, 아몬(Amon), 레(Re), 만신전, 태양신, 달신이든지, 아니면 아모리 족속의 신, 가나안 땅의 신들, 당시 유행하던 바알과 아스다롯이든지, 선택하라고 말한다. 참 종류도 많고 다양하다. 그리고 여호수아는 먼저 자신의 결심을 밝힌다. "오직 나와 내 집은 여호와를 섬기겠노라"(수 24:15하). 백성들의 반응도 말로는 같았다. "우리도 여호와를 섬기리니 그는 우리 하나님이심이니이다"(수 24:18). 그러나 하나님만을 섬긴다는 말을 지키는 것은 어려운 일이다.

우상 숭배는 이렇게 때와 장소와 문화에 따라 끊임없이 달라지고 새롭게 발생한다. 우상의 변신술은 대단하다. 다양하게 변신하고 진화한다. 삶의 현장에서 매번 다른 옷으로 갈아입고 우리에게 다가온다. 그래서 영적 분별력이 필요하다.

엘리야도 여호수아처럼 당시 이스라엘 백성에게 촉구했다. "너희가 어느 때까지 둘 사이에서 머뭇머뭇하려느냐 여호와가 만일 하나님이면 그를 따르고 바알이 만일 하나님이면 그를 따를지니라"(왕상 18:21).

그 후 엘리야는 갈멜산에서 바알과 아세라 선지자 850명과 신 증명 대회를 벌였다. 결국 하나님만이 불로 응답하시는 참 신이라는 것이 증명되었다. 하나님은 창조자, 구원자, 보호자, 인도자, 공급자이시기 때문에 생명 있는 모든 것이 그분에게 의존되어 있다.

윤리적인 판단과 선택에 있어서도 하나님만이 최고이자 유일한 기준이 되신다. 하나님은 어떤 라이벌도 허용하지 않으신다. 우리는 절대로 우리 앞에 하나님의 라이벌을 세우지 말아야 한다. 그것이 물질이든, 향락이든, 권력이든, 심지어 가족이라도. 하나님의 라이벌을 세웠다가는 시험을 당하거나 잘못하면 죽거나 망하게 된다.

아브라함이 모리아산에서 이삭을 놓고 시험을 당한 때는 아브라함의 삶에서 이삭이 최고의 위치를 차지하려는 시점이었다. 아브라함을 위해서도, 이삭을 위해서도 확실하게 해 두어야 할 것이 있었다. 다행히 아브라함은 이 시험을 잘 통과했다. 이삭도 소중하지만, 하나님이 제일이시라는 것을 확증한 것이다. 그래서 아브라함도, 이삭도 복을 받았다.

반면에 이 시험에서 실패한 엘리 제사장은 사랑하는 두 아들 홉니와 비느하스를 잃고, 자신도 비극적인 죽음을 맞이했다. 하나님은 엘리의 잘못을 분명하게 알려 주셨다. "너희는 어찌하여 내가 내 처소에서 명령한 내 제물과 예물을 밟으며 네 아들들을 나보다 더 중히 여겨 내 백성 이스라엘이 드리는 가장 좋은 것으로 너희들을 살지게 하느냐"(삼상 2:29). 엘리의 죄는 다름 아닌 그의 자녀들을 우상으로 삼은 것이었다.

자녀만 우상이 되는 것이 아니다. 사업도, 재물도, 명예도, 음식도 우리의 우상이 될 수 있다. "그들의 신은 배요 그 영광은 그들의 부끄러움에 있고 땅의 일을 생각하는 자라"(빌 3:19).

때론 자기 자신이 우상이 되기도 한다. "그들은 자기들의 힘을 자기들의 신으로 삼는 자들이라"(합 1:11).

▌하나님만을 섬기는 자

하나님 한 분 외에는 우리의 예배를 받을 만큼 존귀한 자가 없다는 선언은, 달리 말하면 우리가 얼마나 귀한 존재인가를 알려 준다. 우리는 하나님 다음이고, 하나님 외에 우리가 섬길 다른 것은 없다. 하나님과 우리 사이에 끼어들 존재는 없다. 그래서 천사도 우리를 부러워한다.

하나님이 선물로 주신 자유를 저버리고 생명을 주지 못하는 것들, 즉 우상에게 종노릇하는 어리석음을 범치 말라는 것이다. 아무 데나 가서 머리 숙이지 말고 스스로를 존귀하게 여기라는 것이다. "너희는 자유자다. 어떤 것에도 종속되지 말라." "세상 어떤 것보다 너희는 더 존귀하다." 이러한 정체성과 자긍심을 잃어버리면 우상을 숭배하게 된다.

우리는 존귀한 존재다. 하나님의 자녀다. 하나님 한 분 외에는 세상에 우리가 섬길 대상이 없다. "아무 데나 가서 복 달라고 머리를 조아리지 말라." "남의 아버지를 내 아버지라고 부르지 말라." "다른 신들의 이름은 부르지도 말며 네 입에서 들리게도 하지 말지니라"(출 23:13).

누구를 섬기느냐에 따라 자신이 누구인지가 결정된다. 세상을 섬기면 세상 사람이다. 우리는 하나님의 자녀다. 우상 숭배가 해로운 또 하나의 이유는 자기 자신이 숭배하는 대상을 닮아 간다는 데 있다. 소나 돼지를 섬기면 소나 돼지 같은 인간이 된다. 인간이 짐승을 닮는다. 퇴락이고 타락이다. 돈을 섬기면 탐욕적인 인간이 된다. 변덕스럽거나 잔인하거나 음란한 신을 섬기면 그런 비열한 인간이 된다. 반면, 하나님을 섬기면 하나님을 닮은 사람이 된다. 하나님처럼 거룩하게 된다.

하나님을 닮은 사람이 되느냐, 마귀를 닮은 사람이 되느냐가 십계명을 따라 사느냐, 아니냐에 의해 결정된다. 하나님의 말씀을 지키는 것은 인간의 몫이고, 인간을 거룩하게 만드는 것은 하나님의 몫이다.

▌하나님께 모든 것 양도하기

첫 번째 계명은 다신론적 상황에 놓여 있던 출애굽 공동체뿐 아니라 오늘날 비종교적 또는 세속화된 세상에도 해당되는 말씀이다. 국가, 경제, 정치, 문화, 과학 기술, 무기, 생산성, 물질, 정보, 오락, 로맨스, 스포츠, 성적 지향, SNS, AI 같은 것들은 이미 사람들에게 신적인 지위를 가지고 있으면서 인간을 조종하고 다스리고 있다. 우리는 이런 것들을 섬기거나 이것들에

종노릇해서는 안 된다. 잘 분별하여 유용한 것들은 선용할 수 있으나, 신앙과 윤리에 어긋나게 남용하거나 추앙해서는 안 된다.

그리스 신화에 나오는 신들처럼 재물의 신, 쾌락의 신, 섹스의 신, 마약의 신, 성공의 신, 권력의 신, 미모의 신, 건강의 신, 음식의 신, 오락의 신 등이 시민종교가 된 지 오래다. 스포츠를 하는 경기장을 신전처럼 꾸미고, 유니폼을 입은 선수는 사제 같고, 경기와 관중의 응원은 예배 의식 같고, 입장권은 제물을 드리는 것과 같다. 대형 콘서트홀에서 열리는 유명 가수의 공연도 그런 모습을 가지고 있다.

가정마다 가지고 있는 대형 TV 제단도 마찬가지다. 거실 중앙에 걸어 놓고 가족 모두 그것을 향해 하루 4시간 이상, 200개 이상의 채널을 돌려 가며 각종 우상 놀이에 열광하고 있다. 심지어 연예인이나 운동선수, 탁월한 사람을 '신'(神, 갓)이라고 부른다.

예수님 시대에는 재물이 하나님의 경쟁 상대였다. 예수님이 말씀하신 38개 비유 가운데 16개가 돈과 관련되어 있다. 예수님은 "한 사람이 두 주인을 섬기지 못할 것이니 혹 이를 미워하고 저를 사랑하거나 혹 이를 중히 여기고 저를 경히 여김이라 너희가 하나님과 재물을 겸하여 섬기지 못하느니라"(마 6:24)고 말씀하셨다. 하나님과 맘몬은 양립 불가하다. 그런데 그렇게 할 수 있다고 생각하는 사람들이 많다.

부자 청년은 예수님과 재물을 겸하여 섬겨 보려고 했다. 그런데 예수님이 재물을 포기하고 예수님의 제자가 되라고 말씀하시자, 예수님의 초청을 거절하고 근심하며 돌아갔다(마 19:22). 오늘날 돈의 위력은 그때보다 훨씬 더 강해졌다. 그뿐 아니라 재물 외에도 하나님의 경쟁 상대의 종류가 더 많아지고, 그 위력도 막강해졌다. "이 세상이나 세상에 있는 것들을 사랑하지 말라 누구든지 세상을 사랑하면 아버지의 사랑이 그 안에 있지 아니하니 이는 세상에 있는 모든 것이 육신의 정욕과 안목의 정욕과 이생의 자랑이니 다 아버지께로부터 온 것이 아니요 세상으로부터 온 것이라"(요일 2:15-16).

이제 우상 숭배는 더 이상 지엽적인 문제가 아니라 우리 삶에 보편적인 문제가 되었다. 누구든지, 무엇이든지 하나님보다 더 중요하게 여기는 것, 더 사랑하는 것은 우상이다. 인간이 우상을 만드는 것은 불안하기 때문이다. 갈수록 우상이 많아지는 것은 그만큼 인간에게 두려움이 많아지기 때문이다. 그런데 그렇게 많이 만들고도 혹시 몰라 '모르는 신'까지 만들어 섬긴다.

여러 귀신을 섬기는 무당은 귀신들이 서로 시기하기 때문에 비위를 맞추기 힘들다고 한다. 그래서 우상 숭배자는 더욱 혼란스럽고 힘들다. 하나님만 섬기는 신자의 주소는 '은혜도 신앙군 안식면 행복동 777번지'이지만, 우상을 섬기는 자의 주소는 '살기도 괴롭군 죽으면 편하리 444번지'다. 우스갯소리로 넘기기엔 시사하는 바가 크다.

루터는 "지금 내 마음을 두고 내가 의지하는 것이 바로 내 하나님이다"라고 했다. 내 마음에 의지하는 것이 하나님인가, 아니면 지혜인가, 재물인가, 향락인가, 권력인가? 결국 우상을 다스리는 방법은 우리 삶의 모든 것을 하나님께 전적으로 양도하는 것이다. 자녀든, 사업이든, 재물이든 하나님께 소유권을 다 드려라. "나는 여호와이니 이는 내 이름이라 나는 내 영광을 다른 자에게, 내 찬송을 우상에게 주지 아니하리라"(사 42:8).

하나님은 우리의 사랑을 원하신다.

하나님은 우리의 신뢰를 원하신다.

하나님은 우리의 찬송을 원하신다.

하나님은 우리의 예배를 원하신다.

제1계명을 긍정적으로 표현한다면 "오직 하나님만을 섬기라"다. 이 계명은 신자들의 모든 도덕과 윤리의 기초다.

① 제1계명은 어떻게 살라는 뜻인가요?

② 제1계명은 "우리가 얼마나 존귀한 존재인가를 알려 준다"고 했는데, 무슨 뜻인가요?

③ 나에게 '다른 신'이 있습니까? 그것은 무엇인가요?

④ 마음과 뜻과 정성을 다하여 '전심'으로 하나님을 사랑한다고 하루 세 번 외치세요.

2

날 위해 존재하는 신

내 목적을 위해
하나님을 형상에 가두지 말라

날 위해 존재하는 신

"너를 위하여 새긴 우상을 만들지 말고 또 위로 하늘에 있는 것이나
아래로 땅에 있는 것이나 땅 아래 물속에 있는 것의 어떤 형상도 만들지 말며
그것들에게 절하지 말며 그것들을 섬기지 말라 나 네 하나님 여호와는
질투하는 하나님인즉 나를 미워하는 자의 죄를 갚되 아버지로부터 아들에게로
삼사 대까지 이르게 하거니와 나를 사랑하고 내 계명을 지키는 자에게는
천 대까지 은혜를 베푸느니라"(출 20:4-6).

▌창조의 목적, 올바른 예배

십계명의 첫 두 계명은 하나님을 예배하는 것과 관련되어 있다. 제1계명이 '예배의 대상'에 대한 것이라면, 제2계명은 '예배의 방법'에 대한 것이다. 같은 내용의 양면이라고 할 수 있다. 다만 제1계명이 이론이라면 제2계명은 실천이고, 제1계명이 영적, 내적 예배와 관련된다면 제2계명은 물질적, 외적으로 올바른 예배와 관련된다.

제2계명의 핵심은 한마디로, 하나님을 형상화하지 말라는 것이다. "어떤 형상이든지 만들지 말고, 절하지 말고, 섬기지 말라."

하나님이 호렙산에 나타나셨을 때 이스라엘 백성은 어떤 형

상도 보지 못했다. 오직 음성만을 들었을 뿐이다. 하나님을 보는 것보다 하나님의 말씀을 듣는 것이 중요하다. 믿음은 보는 것에서가 아니라 들음에서 난다. 이 사실에 유념해야 한다. 이것이 기독교의 독특성이다. "여호와께서 호렙산 불길 중에서 너희에게 말씀하시던 날에 너희가 어떤 형상도 보지 못하였은즉 너희는 깊이 삼가라 그리하여 스스로 부패하여 자기를 위해 어떤 형상대로든지 우상을 새겨 만들지 말라"(신 4:15-16).

창세기에서 하나님이 피조물을 만드신 순서는 해, 달, 별, 바다의 고기, 공중의 새, 육지의 짐승, 그리고 남자와 여자다. 이것이 창조의 질서다. 전체의 틀을 만드시고 그 내용을 채우셨다. 하나님은 모든 환경을 조성하신 다음에 인간을 마지막에, 그리고 하나님의 형상을 따라, 즉 가장 소중한 존재로 창조하셨다.

하나님이 인간을 창조하신 목적은 하나님의 영광을 나타내고 영원히 찬양받으시기 위해서다. 인간은 하나님의 영광을 위하여 지어진 피조물이다. 우상 숭배는 인간이 창조주 하나님 대신 피조물인 천체를 숭배하고 동물과 자연을 숭배하는 것이다. 이보다 어리석고 배은망덕한 행위는 없다. 우상 숭배는 창조 질서를 역행하고 깨뜨리는 일이다. 우상 숭배는 창조주 하나님을 왕위에서 폐위시키고 피조물을 왕위에 올리는 반역이다. 우상 숭배의 유일한 해결책은 살아 계신 하나님을 본래의 자리에 모시는 일이다. 그러므로 선교는 우상 숭배에 대한 가장 강력한 도전이다.

▌내 편의를 위해 하나님을 가두다

하나님이 우상 숭배를 금지하신 이유는 하나님의 초월성을 보호하기 위한 것으로, 살아 계신 영원한 하나님을 어떤 유한한 물건이나 물질에 고착시키지 말라는 것이다. 역사적으로 인간은 동물이나 사람의 형태를 모방하여 많은 신상들을 만들고 섬겼다. 신상들이 범람하던 고대 근동의 환경 속에서 제2계명은 '신상 없는 신앙'(iconoclastic faith)을 강조한다.

인간은 보이는 것에 눈을 빼앗겨 진작 중요하고 귀한 것을 보지 못하는 폐단이 있다. 세상의 어떤 것으로도 하나님의 신성(deity)을 대신할 수 없다. 하나님은 절대적인 존재이시며 피조물과 근본적으로 다른 분이시다. 하나님을 인간, 동물, 사물 같은 유한하고 열등한 존재로 끌어내리지 말라. 창조주를 피조물로 전락시키지 말라. 하나님을 시간과 공간 안에 제한하지 말라. 하나님을 하나님 되게 하라.

하나님을 눈에 보이도록, 그리고 특정한 장소에 고정시켜 놓으면 인간 편에서는 섬기기가 용이하다. 신의 활동 범위를 한정된 공간으로 정해 놓고 필요할 때만 찾아오면 된다. 우상 숭배자는 이렇게 말한다. "하나님, 자꾸만 저를 따라다니지 마시고 그냥 이곳에 계세요. 대신 제가 다음 주에 면회 오겠습니다." "하나님, 주일에 가서 뵐 터이니 가정에서나 일터에서 절대 참견하려고 하지 마세요."

어느 때나 어느 장소에나 나타나시는 무소부재하신 분, 모든 것을 다 아시는 전지전능하신 하나님이 얼마나 불편하겠는가. 그래서 인간은 신을 한 장소에 우상으로 고정시킨다. 내게 보이지 않으면서 나를 보고 계시는 분이 두렵기 때문에, 보이지 않는 하나님을 보이는 신으로 만들어 놓는다. 이스라엘의 우상 숭배는 이처럼 우상보다는, 하나님을 예배하는 편리한 방식으로 형상을 만드는 것에서 시작되었다. 이런 인간의 속셈을 모르실 하나님이 아니다.

모세가 시내산에 올라가 하나님의 말씀을 받는 동안 산 아래에 있던 이스라엘 백성은 기도하면서 잠잠히 기다리지 못했다. 그들은 아론에게 "우리를 위하여 우리를 인도할 신을 만들라"(출 32:1)고 재촉했다. 아론은 그들의 말을 따라 '금 모으기 운동'을 전개하여, 금을 용광로에 녹이고, 조각칼로 새겨 송아지 우상을 만들었다. 그러고는 "이스라엘아 이는 너희를 애굽 땅에서 인도하여 낸 너희의 신이로다"(출 32:4)라고 선포했다.

모세가 시내산에서 십계명을 받는 동안 산 아래에서 아론과 백성들은 금송아지를 만들었다. 처음 그들의 의도는 진짜 우상이 아니라 하나님을 보이는 형상으로 만들어 예배하려고 한 것이었다. 그러나 결과적으로 하나님께 돌릴 출애굽의 영광을 우상에게 바친 꼴이 되었다. 하나님이 하신 일의 공로를 다른 곳에 돌린 것이다.

그들은 하나님을 대체하는 신을 만들었다. 하나님을 송아지로 만들었다. 그들은 금송아지 앞에서 먹고 마시고 뛰놀면서 제사를 드렸다. 하나님을 이방인들의 방식으로 섬기려 했다. 우상은 이렇게 하나님의 형상을 왜곡한다. "그들이 호렙에서 송아지를 만들고 부어 만든 우상을 경배하여 자기 영광을 풀 먹는 소의 형상으로 바꾸었도다"(시 106:19-20).

사사 시대 미가라는 사람은 스스로 가정에 에봇과 드라빔 신상을 만들고 제사장을 고용해서 섬겼다. 하나님의 계명이 있었음에도 불구하고 자신의 방법으로 복을 받고 화를 면하기 위해 자기 생각대로 하나님의 이름을 사칭하며 망령되이 행했다. "내가 내 아들을 위하여 한 신상을 새기며 한 신상을 부어 만들기 위해 내 손에서 이 은을 여호와께 거룩히 드리노라"(삿 17:3).

대제사장 엘리 시대에 이스라엘이 블레셋과의 전쟁에서 1차로 패하고 나서, 2차에는 언약궤를 가지고 전쟁에 나간 것은 하나님을 우상처럼 취급한 행동이었다(삼상 4:4). 언약궤에서 신통력이라도 나와 블레셋을 물리쳐 주기를 기대하며 미신의 도구로 사용한 것이다.

그러나 내용 없는 형식은 껍데기에 불과하고, 어떤 능력도 나타나지 않는다. 블레셋과 1차 전쟁에서는 4천 명가량이 죽었는데(삼상 4:2), 2차 전쟁에서는 언약궤도 빼앗기고 제사장 홉니와 비느하스, 그리고 대제사장 엘리도 죽었다. 3만 명의 군사가 사망했고, 결국 나라도 망하게 되었다. 그리고 블레셋에 20년 동안 종노릇했다. 우상 숭배는 이처럼 나라 전체에 대재앙을 가져온다.

북이스라엘의 여로보암왕은 백성들이 제사를 위해 예루살렘에 가는 것을 막기 위해 금송아지 두 개를 만들어 각각 벧엘과 단에 두어 예루살렘 성전에 대한 대응종교를 만들려 했다. "이에 계획하고 두 금송아지를 만들고 무리에게 말하기를 너희가 다시는 예루살렘에 올라갈 것이 없도다 이스라엘아 이는 너희를 애굽 땅에서 인도하여 올린 너희의 신들이라 하고"(왕상 12:28).

여로보암은 "레위 자손 아닌 보통 백성으로 제사장을 삼고" "유다의 절기와 비슷하게 하고" "자기 마음대로 정한 달"(왕상 12:31-33)에 북이스라엘 남단 벧엘과 북쪽 단에서 제사를 드리게 했다. 하나님을 섬기려 했지만 결과적으로 북이스라엘 전체가 우상을 섬기게 된 것이다.

살아계신 하나님을 담을 형상은 없다

하나님의 이미지는 고정되고 정지되어 있는 우상의 이미지와는 달리 역동적이다. 하나님은 역사 속에서 인간과 인격적 관계를 맺으시는 살아 계신 하나님이다. 아무리 금과 귀한 보석을 사용한다고 해도 살아 계신 하나님을 죽은 우상으로 만들어서는 안 된다.

하나님은 한 장소에 머무르시는 분이 아니라 끊임없이 움직이시는 분이다.[1] 하나님은 초월성을 지니면서 동시에 내재성을 가지신 분이다. 예배자는 하나님을 대상화(객체화)하지 말고, 주체와 주체로서 살아 있는 관계를 맺어야 한다. 우리가 믿는 하나님은 인격적인 분이시다.

우상뿐 아니라 하나님을 나타내는 하나님의 형상도 만들 수 없다. 인간이 만든 어떠한 형상도 살아 계신 하나님의 온전하심과 영광스러움을 다 표현할 수 없기 때문이다. "너희가 하나님을 누구와 같다 하겠으며 무슨 형상을 그에게 비기겠느냐"(사 40:18).

하나님의 형상을 금지하는 이유는 어떤 형상도 하나님의 본성을 온전히 반영할 수 없기 때문이다. 하나님은 보이는 형상이 아니라 사람들의 이야기와 삶에서 당신의 모습을 드러내시는 살아 계신 분이다. 하나님은 우리를 돕고, 인도하고, 위로하고, 교훈하고, 때로는 책망하고, 진노하고, 용서하고, 구원하시는 분이다. 그러나 우상 만들기는 무한하신 초월자 하나님을 유한한 세상으로 끌어내리고, 하나님을 과소평가하고 조종하고 무시하는 것이다. 이는 유한한 사물을 무한으로 승격시키

려는 끊임없는 인간의 경향이다.[2]

우상 숭배란 존재보다는 피조물, 무한한 것보다는 유한한 것, 영원한 것보다는 순간적인 것, 보편적인 것보다는 지엽적인 것, 절대적인 것보다는 상대적인 것을 선호하고, 그것에 절대적 가치를 부여하고 그것을 섬기는 행위다.

신앙과 주술의 차이가 무엇인가? 신앙은 신앙하는 대상의 뜻을 따르는 것이고, 주술은 나의 목적을 위하여 신을 조종하는 것이다. 우상 숭배는 하나님을 조종 가능한 존재로 끌어내리는 것이다. 하나님의 내재성을 강화하고자 하나님의 초월성에 손상을 입히는 것이다.

하나님은 창조자이시며 초월자이시며 무한하신 분이다. 또한 하나님은 주권을 가지시고 스스로 존재하시는 분이다. 그렇기 때문에 어떤 식으로도 하나님의 존재를 제한할 수 없다. 하나님을 대체할 수 있는 것은 이 세상에 존재하지 않는다. 하나님의 전능성, 편재성, 초월성, 신비함을 완전히 담아낼 길은 없다. 그나마 하나님을 반영할 수 있는 형상을 지닌 존재는 오직 인간뿐이다.

가톨릭은 성물이나 성상과 같은 신성한 물건들에 대한 숭배, 마리아 숭배, 성체에 대한 숭배, 성인 숭배, 죽은 자들을 위한 미사를 드렸다. 1517년 루터를 위시하여 많은 종교개혁자들이 "오직 성경으로만", "오직 그리스도로만", "오직 은혜로만", "오직 믿음으로만"의 기치를 내걸고 종교개혁을 일으켰다. 이를 통해 교회 안에서 많은 우상들이 제거되었고, 예배나 숭배의 목적으로 만드는 형상이 금지되었다. 그렇지만 예술이나 십자가 같은 상징물까지 금한 것은 아니었다. 성경이 보급되기 전, 성경 이야기를 표현한 그림이나 문맹자를 위한 성화는 허용되었다.

나를 위해 존재하는 신

우상 숭배의 본질은 "너[나]를 위하여(르카; lekha)"다. 하나님을 위해서가 아니라 나를 위해서다. 우상 숭배는 하나님 중심에서 인간 중심으로, 하나님의 방식에서 인간의 방식으로 삶의 방향을 바꾸는 것이다. 나의 현세적인 목적을 따라 조종할 수 있는 신은 우상이며, 그렇게 하는 행위가 주술이다. 우상이란 신이 아닌 어떤 것을 주술적인 목적으로 신처럼 숭배하는 것이다.

우상은 나를 위하여 존재하는 신이다. 나를 만든 신이 아니라 내가 만든 신이다. 여기에서 내가 목적이 되고 신은 수단이 된다. 신들이 인간이 만든 것이라면, 그것들은 인간의 창작물일 뿐 아니라 다른 모든 것과 마찬가지로 파괴될 수 있다. 지금 이집트, 앗시리아, 바빌로니아, 페르시아, 헬라, 로마의 신들이 어디 있는가? 지난 인간의 역사는 신(우상)들의 무덤이다.[3]

눈에 보이는 우상들은 사람이 만든 것에 불과하다. 이것들은 신적 실체나 신적 권능을 가지고 있지 않다. "그들의 우상들은 은과 금이요 사람이 손으로 만든 것이라 입이 있어도 말하지 못하며 눈이 있어도 보지 못하며 귀가 있어도 듣지 못하며 코가 있어도 냄새 맡지 못하며 손이 있어도 만지지 못하며 발이 있어도 걷지 못하며 목구멍이 있어도 작은 소리조차 내지 못하느니라 우상들을 만드는 자들과 그것을 의지하는 자들이 다 그와 같으리로다"(시 115:4-8).

"새긴 우상은 그 새겨 만든 자에게 무엇이 유익하겠느냐 부어 만든 우상은 거짓 스승이라 만든 자가 이 말하지 못하는 우상을 의지하니 무엇이 유익하겠느냐 나무에게 깨라 하며 말하지 못하는 돌에게 일어나라 하는 자에게 화 있을진저 그것이 교훈을 베풀겠느냐 보라 이는 금과 은으로 입힌 것인즉 그 속에는 생기가 도무지 없느니라"(합 2:18-19).

이사야는 이사야서 44장 9-18절에서 우상을 만드는 어리석음을 다음과 같이 우화적으로 표현한다. "우상을 만드는 자는 다 허망하도다", "수치를 당하리라"(사 44:9). "이 나무는 사람이 땔감을 삼는 것이거늘 그가 그것을 가지고 자기 몸을 덥게도 하고 불을 피워 떡을 굽기도 하고 신상을 만들어 경배하며 우상을 만들고 그 앞에 엎드리기도 하는구나 그중의 절반은 불에 사르고 그 절반으로는 고기를 구워 먹고 배불리며 또 몸을 덥게 하여 이르기를 아하 따뜻하다 내가 불을 보았구나 하면서 그 나머지로 신상 곧 자기의 우상을 만들고 그 앞에 엎드려 경배하며 그것에게 기도하여 이르기를 너는 나의 신이니 나를 구원하라 하는도다 그들이 알지도 못하고 깨닫지도 못함은 그들의 눈이 가려서 보지 못하며 그들의 마음이 어두워져서 깨닫지 못함이니라"(사 44:15-18).

인간이 만든 우상 가운데 최악을 꼽으라고 한다면, 자기 자신이 신이라고 주장하거나 자기가 소유한 힘과 권력을 신격화하는 경우다. 애굽의 바로 왕이나 로마의 시저 황제, 일본의 천황은 스스로를 신이라고 했다. 현대의 SNS나 이미지 중심의 사회는 자기 우상화의 위험에 노출되어 있다. 자신을 신격화하는 자들은 받을 심판이 크다. "인자야 너는 두로 왕에게 이르기를 주 여호와께서 이같이 말씀하시되 네 마음이 교만하여 말하기를 나는 신이라 내가 하나님의 자리 곧 바다 가운데에 앉아 있다 하도다 네 마음이 하나님의 마음 같은 체할지라도 너는 사람이요 신이 아니거늘"(겔 28:2).

예레미야는 인간의 두 가지 죄에 대해 다음과 같이 말한다. "내 백성이 두 가지 악을 행하였나니 곧 그들이 생수의 근원 되는 나를 버린 것과 스스로 웅덩이를 판 것인데 그것은 그 물을 가두지 못할 터진 웅덩이들이니라"(렘 2:13).

미국에서 개척 교회 목회를 할 때, 미군과 결혼했다 이혼하여 혼자가 된 자매를 전도한 적이 있다. 어느 날 그 집에 심방을 갔을 때, 자매가 내 앞에 보따리 하나를 내놓았다. 무엇인지

물어보니, 자신이 남묘호렌게쿄를 다녔는데, 돈을 주고 사서 집 안에 놓아 뒀던 기물들이라 했다. 교회에 다니게 되어 남묘호렌게쿄 선생을 찾아가 그것을 반납하려 했으나, 언젠가는 필요할 날이 올 것이라며 받지를 않아 할 수 없이 가지고 돌아왔다고 했다. 자매는 그 기물들이 꺼림칙하다며 처리해 달라고 부탁했다. 나는 그것들을 산산이 다 부숴서 여러 쓰레기봉투에 나누어 버렸다.

우상 숭배는 귀신 숭배와 다를 바가 없다. "무릇 이방인이 제사하는 것은 귀신에게 하는 것이요 하나님께 제사하는 것이 아니니 나는 너희가 귀신과 교제하는 자가 되기를 원하지 아니하노라"(고전 10:20).

우상은 인간의 욕망이 투영된 것으로, 인간이 만들고 조종하는 가짜 신이다. 우상이란 스스로 존재하는 존재자가 아니라 인간이 만든 피조물이기에 인간이 우상을 섬긴다는 것은 존재자가 부여한 자유를 버리고 다시 노예 상태로 전락하는 어리석은 짓이다.[4] 우상을 섬기지 말라는 것은 소중한 자유를 버리고 '자기 자신을 스스로 종으로 만들지 말라'는 뜻이다.

▌천 대의 은혜, 세상에 이런 법은 없다

'질투하시는 하나님'은 제4계명의 안식하시는 하나님과 더불어 신인동형론적(anthropomorphic, 하나님을 인간의 형태, 감정, 행동에 빗대어 표현하는 신학적 개념) 표현으로, 하나님은 우리를 사랑하시기 때문에 질투하신다. '질투하는'(jealous)은 '열심을 내는'(zealous)과 같은 뜻인데, 하나님의 불타는 사랑, 맹렬한 사랑을 의미한다. 하나님의 질투는 하나님 자신을 위한 것이 아니라 자기 백성들을 위한 것이다. 하나님의 질투는 자기 백성들이 다른 신을 섬기려는 성향이 강할수록 더욱 강하게 나타난다. "너는 다른 신에게 절하지 말라 여호와는 질투라 이름하는 질투의 하나님임이니라"(출 34:14). "여호와는 질투하시며 보복하시는 하나님이시니라"(나 1:2).

하나님은 다른 것과 비교당하는 것을 싫어하신다. 하나님은 당신의 자리를 다른 누가 차지하는 것을 두고 보지 않으신다. 이는 하나님을 모독하는 행위다. 에스겔은 우상 숭배자를 '부정한 배우자'로, 호세아는 '음란한 여인'으로 비유했다.

구원은 은혜로 받지만 복은 말씀에 순종할 때 받는다. "모든 명령을 지켜 행하면"(신 28:1-14 참고). "내 규례와 계명을 준행하면"(레 26:3-13 참고). "나의 명령을 지키라 그리하면"(잠 3:1-10 참고). 이는 순종하면 복을 받으리라는 약속이다.

제2계명은 준수 여부에 따라 상급과 벌칙이 동시에 언급된 유일한 계명이다. 우상 숭배는 하나님이 가장 미워하시는 죄로, "삼사 대"까지 그 죄의 형벌이 이어진다. "삼사 대"는 함께 사는 대가족을 의미하는데, 우상 숭배를 하면 당대의 모든 가족의 삶에 영향을 준다는 뜻이다. 자신이 우상 숭배한 죄의 형벌을 자신의 눈으로 똑똑히 목도하게 되는 것이다. 그러므로 처음 믿게 된 사람은 조상들의 우상 숭배의 영향력을 차단하기 위해 더 자세히 살피고 철저히 회개해야 한다.

그러나 하나님의 징계보다 상급이 훨씬 더 크다. 우상을 섬기지 않으면 벌을 받지 않는 것뿐 아니라 복을 주겠다고 하셨다. 세상에 이런 법은 없다. 법은 지키면 그만이지, 법을 지킨다고 상을 주는 법은 없다. 그러므로 이것은 단순한 법이 아니다. 하나님의 복을 받는 말씀이다. 하나님을 사랑하여 계명을 지키는 자에게는 삼사 대 정도가 아니라 천 대까지 복을 주겠다고 약속하셨다. 하나님만을 섬긴 자는 자신뿐 아니라 자신의 자손들도 천 대까지 그 복을 누리게 되는 것이다. 자신이 죽어서도, 보지 못하는 후손들에게 대대로 복을 상속하는 것이다. 우리 모두 하나님을 경외하고 하나님의 뜻에 순종함으로 천 대에 이르는 복을 누리길 기도한다.

제2계명을 긍정적인 표현으로 바꾸어 본다면 다음과 같이 말할 수 있을 것이다. "하나님을 진정 하나님 되게 하라."

1 제1계명과 제2계명은 어떻게 다른가요?

2 제2계명에서 "너를 위하여 새긴 우상"은 무슨 뜻인가요?

3 '질투하시는 하나님'은 무슨 의미인가요?

4 천 대까지 은혜를 받으려면 어떻게 해야 할까요? (출 20:6)

5 SNS에 노출된 자신의 모습을 살피고, 주 1회 디지털 디톡스를 하세요.

3

권위의 오남용

하나님의 이름을
합당하게 사용하라

"너는 네 하나님 여호와의 이름을 망령되게 부르지 말라
여호와는 그의 이름을 망령되게 부르는 자를
죄 없다 하지 아니하리라"(출 20:7).

▎하나님의 이름이 악용되는 시대

우리는 지금 교회와 목사가 우상이 된 시대에 살고 있다. 스타 목사가 있는 교회에 교인들이 모이고, 그들의 설교를 TV나 유튜브에서 소비하고 있다. 이단, 사이비들이 교주를 우상으로 만들듯이 어떤 교회는 하나님이 받으실 충성을 목사가 가로챈다. 어느 시대 어디서나 오직 하나님만이 영광을 받으셔야 한다. 그래서 우리는 이렇게 기도해야 한다. "여호와여 영광을 우리에게 돌리지 마옵소서 우리에게 돌리지 마옵소서 오직 주는 인자하시고 진실하시므로 주의 이름에만 영광을 돌리소서"(시 115:1).

제3계명은 다음과 같다. "너는 네 하나님 여호와의 이름을 망령되게 부르지 말라 여호와는 그의 이름을 망령되게 부르는 자를 죄 없다 하지 아니하리라"(출 20:7).

제3계명과 제9계명은 법정에서 증언할 때 위증을 금지하는 것과 관련이 있다. 과학적 증거에 의한 재판이 어려웠던 시대에는 증인들의 증언이 판결에 결정적인 역할을 했다. 또한 증인이 하나님의 이름으로 맹세하고 증언하는 것은 법정에서 중요한 증언으로 채택되었다. 따라서 하나님을 믿는 공동체에서 하나님의 이름으로 맹세하는 것은 법정에서의 진술뿐 아니라 사회를 유지해 가는 윤리적 방편이기도 했다.

세상일에도 하나님을 중재자로 삼아 거짓말을 막고 사회적 신뢰를 확립하는 기능이 있었다. 그래서 하나님의 이름으로 맹세하게 했다. "네 하나님 여호와를 경외하며 그를 섬기며 그의 이름으로 맹세할 것이니라"(신 6:13).

그러나 하나님의 이름으로 맹세하고도, 두려움 없이 부당한 일을 행한 이들이 그 일에 대한 심판을 하나님께 즉각적으로 받지 않는 경험이 쌓여 가면서, 하나님의 이름을 오용하는 사람들이 늘어났다. 거짓으로 맹세하거나 함부로 맹세하는 일을 통하여 자신의 잘못을 은폐하거나 정당화하는 부작용이 나타나게 된 것이다. 심지어 위증을 통해 다른 사람에게 위해를 가하기도 했다. 하나님의 이름을 악용하는 것이다.

따라서 거짓 맹세를 금하는 규정이 나온 것이다. "너희는 내 이름으로 거짓 맹세함으로 네 하나님의 이름을 욕되게 하지 말라 나는 여호와이니라"(레 19:12). 더 나아가 이런 잘못된 맹세 때문에, 예수님은 맹세 자체를 금하셨다. "나는 너희에게 이르노니 도무지 맹세하지 말지니 하늘로도 하지 말라 이는 하나님의 보좌임이요"(마 5:34).

이런 배경에서 "여호와의 이름을 망령되게 부르지 말라"는 계명이 나오게 되었다. 하나님의 이름을 빌려 맹세하는 것이 허락되었으나, 그것을 남용하는 것이 신성 모독에 해당하므로 금지하게 된 것이다. 다시 말해, 하나님의 이름을 사용하는 데는 합당한 목적과 방법이 있다는 것이다. 이 계명을 긍정문으로 바꾸면 "너는 너의 하나님 여호와의 이름을 그에 합당하게 일컬어라"라고 할 수 있다.[1]

예수님은 주기도에서 '아버지의 이름을 거룩하게 하시기를' 기도하셨다. 주기도에 제3계명의 정신을 삽입하셨다고 볼 수도 있다. 하나님의 이름은 찬양, 예배, 기도의 대상이지, 인간의 목적을 이루기 위한 수단이 되어서는 안 된다. "신학(하나님에 대해 말하는 것)은 윤리(하나님께 순종하는 것)와, 예배는 도덕과 분리될 수 없다."[2]

우리가 하나님의 이름을 안다는 것은 하나님으로부터 특별한 선물을 받았다는 것이고, 따라서 우리는 그 이름을 합당하게 사용할 책임이 있다. 물론 하나님의 이름은 필요할 때 그분을 부르라고 주신 것이다. 기도할 때, 찬양할 때, 예배할 때, 남을 도울 때, 감사를 표시할 때, 영광을 돌릴 때 우리는 하나님의 이름을 불러야 한다. 우리가 하나님의 이름을 부를 때 하나님의 능력이 나타나고, 도움도 주시고, 응답도 주시고, 기뻐하시고, 복도 주신다. 그러나 하나님의 이름을 부르는 특권에는 도덕적 의무가 수반된다. 하나님의 이름은 아무렇게나 불러도 되는 이름이 아니다.

▌이름을 바르게 부를 책임

그러면 하나님의 이름을 합당하게 사용하는 방법은 무엇일까? 그것은 하나님의 뜻과 성품에 일치되게 그 이름을 사용하는 것이다. 하나님의 성품은 거룩하심과 사랑이다. 따라서 하나님의 이름은 하나님의 거룩하심을 드러낼 때, 하나님의 사랑을 표현할 때 사용해야 한다. 죄악이나 증오를 드러내는 일에 불경스럽게 사용해서는 안 된다.

우리는 하나님의 이름을 바르게 사용할 책임이 있기에 하나님의 이름을 불경스럽게 불러서는 안 된다. 영어의 욕설에는 하나님이나 예수님의 이름이 들어간 것이 많은데, 그렇게 하나님의 이름을 오용해서는 안 된다. 하나님은 언제나 우리 삶의 현장에 계시고, 우리의 모든 것을 알고 계신다. 우리는 하나님의 이름에 걸맞게 거룩한 삶을 살아야 하고 사랑하며 살아야 한다.

입장을 바꾸어, 만일 일상생활에서 당신의 이름이 모독을 받고, 당신의 명예가 실추되는 일을 겪으면, 당신은 어떻게 생각하겠는가? 불쾌함에 화를 낼 수도 있고, 심하면 명예 훼손으로 상대를 고발할지도 모른다. 하나님도 우리 못지않게 당신의 명예를 소중하게 생각하신다. 우리 믿는 자들은 하나님의 명예를 지켜 드려야 한다. "나는 나를 위하며 나를 위하여 이를 이룰 것이라 어찌 내 이름을 욕되게 하리요 내 영광을 다른 자에게 주지 아니하리라"(사 48:11).

하나님께 돌려야 할 영광을 다른 것에게 돌리는 것도 하나님의 이름을 망령되게 부르는 것이다. 하나님은 때론 이방인들에게 당신의 이름이 욕되게 불릴까 봐 우리를 돕기도 하신다. 그래서 이 점을 간파한 모세나 여호수아나 사무엘은 이스라엘을 위하여 기도할 때, 하나님의 이름을 위하여 백성들의 죄를 사해 달라고 간청했고, 하나님의 이름을 위하여 곤경에서 구해 달라고 기도했다.

이스라엘이 구원을 받은 것은 그들이 의롭거나 선해서가 아니다. 세상에서 그들이 하나님의 이름으로 불렸기 때문이다. 하나님의 명예 때문이다. "어찌하여 애굽 사람들이 이르기를 여호와가 자기의 백성을 산에서 죽이고 지면에서 진멸하려는 악한 의도로 인도해 내었다고 말하게 하시려 하나이까 주의 맹렬한 노를 그치시고 뜻을 돌이키사 주의 백성에게 이 화를 내리지 마옵소서"(출 32:12).

"가나안 사람과 이 땅의 모든 사람들이 듣고 우리를 둘러싸고 우리 이름을 세상에서 끊으리니 주의 크신 이름을 위하여 어떻게 하시려 하나이까 하니"(수 7:9). "여호와께서는 너희를 자기 백성으로 삼으신 것을 기뻐하셨으므로 여호와께서는 그의 크신 이름을 위해서라도 자기 백성을 버리지 아니하실 것이요"(삼상 12:22).

시편에 나오는 아삽의 기도도 하나님 이름의 영광과 관련한 기도다. "우리 구원의 하나님이여 주의 이름의 영광스러운 행사를 위하여 우리를 도우시며 주의 이름을 증거하기 위하여 우리를 건지시며 우리 죄를 사하소서"(시 79:9).

▌이름을 자랑스럽게 만드는 자들

하나님의 이름은 바로 하나님의 소중한 정체성이다. 하나님의 이름은 하나님의 모든 속성과 성품, 그리고 역사를 대변한다. 삼위 하나님과 성경, 그리고 구원의 역사가 그 이름에 담겨 있다. 그리스도인들은 하나님의 이름을 대표하는 사람들이다. 하나님의 대표 선수들이다.

사회에서 그리스도인들이 잘못된 행실로 지탄을 받게 되면 하나님의 이름을 망령되게 부르는 것과 다름없다. 우리는 하나님의 자녀이기에, 우리가 잘못하면 아버지 하나님이 욕을 먹는다. 신성한 하나님의 이름을 더럽혀서는 안 된다. 나 때문에, 우리 교회 때문에 믿지 않는 자들에게 하나님의 이름이 비방받거나 모욕당한 것을 회개해야 한다.

한 남편이 예수 믿고 변화되었는데, 아내가 이전처럼 남편을 화나게 하자, 남편이 "예수는 내가 믿고 은혜는 당신이 다 받는구나!"라고 말했다고 한다. 목회자나 신자들은 하나님의 이름 때문에 세상에서 손해도 좀 볼 수 있어야 한다. 교회 이름이나 물고기 모양의 스티커를 차에 붙이고 다니는 신자들은 교통 법규를 잘 지켜야 한다. 그렇지 않으면 신자들 때문에 하나님의 이름이 망령되게 불린다. "하나님의 이름이 너희 때문에 이방인 중에서 모독을 받는도다"(롬 2:24).

자신의 일상의 삶에서 하나님을 제외하고 사는 것도 하나님의 이름을 망령되게 부르는 것이다. 투명 인간을 대하듯이 살아 계신 하나님의 임재를 무시해서는 안 된다. 하나님의 이름이 내포하고 있는 뜻과 맞지 않기 때문이다. 하나님은 살아 계셔서 우리와 함께 계시고, 모든 일을 주관하고 계신다. 하나님의 이름에는 능력이 있고, 그 이름을 부르는 하나님의 백성에게 그 이름에 합당한 권세를 주셨다. "어떤 사람은 병거, 어떤 사람은 말을 의지하나 우리는 여호와 우리 하나님의 이름을 자랑하리로다"(시 20:7).

나의 아들은 어려서부터 기도를 시키면 항상 이렇게 기도했다. "대한민국을 자랑스럽게 만드는 사람이 되게 해 주세요. 하나님의 이름을 자랑스럽게 만드는 사람이 되게 해 주세요." 이 기도가 참 마음에 들었다. 지금도 아들은 그 기도대로 살려고 힘쓰고 있다. 우리는 하나님의 이름을 자랑스럽게 만들어야 한다. 어디를 가든지 그리스도인임을 자랑스럽게 여겨야 한다.

제3계명에는 "여호와는 그의 이름을 망령되게 부르는 자를 죄 없다 하지 아니하리라"라는 처벌 규정이 담겨 있다. 제5계명 부모 공경에 대한 복의 약속과는 정반대로, 처벌 규정만 나온 유일한 계명이다.

"죄 없다 하지 아니하리라"는 히브리어로 '로 예나케'(lo yenakkeh)인데, 죄에 대한 강력한 경고를 의미한다. 하나님의 이름을 오용한 것에 대한 대가를 반드시 치르게 하겠다는 하나님의 강한 의지를 엿볼 수 있다. 구약에서 하나님의 이름을 모독하는 것은 죽음에 이르는 죄였다. 즉각적으로 벌이 임하지 않는다고 가볍게 생각해선 안 된다.

이스라엘 사람 어머니와 애굽 사람 아버지 사이에서 난 사람이 이스라엘 사람과 싸우다가 그만 하나님의 이름을 모독하고 저주했다. 모세는 그를 가두고 하나님의 명령을 기다렸다. "그 저주한 사람을 진영 밖으로 끌어내어 그것을 들은 모든 사람이 그들의 손을 그의 머리에 얹게 하고 온 회중이 돌로 그를 칠지니라 … 여호와의 이름을 모독하면 그를 반드시 죽일지니 온 회중이 돌로 그를 칠 것이니라 거류민이든지 본토인이든지 여호와의 이름을 모독하면 그를 죽일지니라"(레 24:14, 16). 이렇게 하나님의 이름을 모독하는 사람이 당하는 징계를 통해 모두에게 경각심을 주었다.

다윗은 하나님의 이름을 모욕하는 블레셋의 골리앗에게 거룩한 분노를 표출했다. "이 할례 받지 않은 블레셋 사람이 누구이기에 살아 계시는 하나님의 군대를 모욕하겠느냐"(삼상 17:26). 전쟁터에서 골리앗이 하나님의 백성을 모독하는 말을 들은 어린 다윗의 마음에 의분이 일었다. 이것이 거룩한 분노다. 소위 '뽀빠이 모멘트'다. 다른 것은 다 참아도 자신이 사랑하는 올리브가 악당에게 괴롭힘을 당하는 것은 참을 수 없어 힘을 쓰는 뽀빠이 말이다.

뽀빠이에게 없던 힘도 나오는 것처럼, 다윗은 하나님의 이름이 망령되게 불리는 것을 도무지 참을 수가 없었다. 사울과 다윗의 형들을 비롯한 모든 이스라엘 군인들이 이런 상황에도 두려움 때문에 잠잠히 있는 것은 더더욱 견딜 수가 없었다. "다윗이 블레셋 사람에게 이르되 너는 칼과 창과 단창으로 내게 나아오거니와 나는 만군의 여호와의 이름 곧 네가 모욕하는 이스라엘 군대의 하나님의 이름으로 네게 나아가노라"(삼상 17:45).

하나님을 모독하는 골리앗을 다윗은 물매돌을 던져 죽였다. 누구도 상상할 수 없는 기적 같은 일이 일어난 것이다. 그것은 다름 아닌 하나님의 심판이 다윗을 통하여 내려진 것이다. 하나님이 죽이신 것이다.

하나님을 모독하는 것은 골리앗처럼 경멸을 받고 멸망당하는 길이다. 하나님의 이름을 존귀하게 여기는 것은 다윗처럼 위대하게 되는 길이다. 이것이 다윗과 사울왕의 차이이고, 사무엘과 엘리 대제사장의 두 아들, 홉니와 비느하스의 차이다. 하나님의 이름을 높이는 자는 높아진다. 하나님의 이름을 멸시하는 자는 누구든지 낮아진다. "나를 존중히 여기는 자를 내가 존중히 여기고 나를 멸시하는 자를 내가 경멸하리라"(삼상 2:30).

힘 있는 자여, 이름이 주는 무게를 기억하라

하나님의 이름을 악용하는 것도 하나님의 이름을 망령되게 부르는 것이다. 하나님은 세상에서 자신의 백성들을 돌보고, 보호하고, 유지하기 위해 필요한 힘을 공급해 주신다. 그러나 이 힘의 오용이나 남용을 막기 위하여 하나님은 힘의 사용에 있어서 한계를 정해 주셨다.

하나님의 이름으로 다른 사람들에게 해를 끼치는 행위는 하나님의 힘을 남용하는 것이다. 하나님의 이름으로 거짓 맹세하는 것뿐 아니라 하나님의 이름으로 저주를 한다든지, 하나님의 이름으로 불의한 자들을 옹호하거나 축복한다든지, 하나님의 이름으로 사취하거나 불안에 떨게 만드는 행위 등이다. 한마디로, 하나님의 이름을 자의적으로 사용하는 경우가 모두 해당된다.

구약의 거짓 선지자들은 자기들의 말에 신빙성이 없을 때 하나님의 이름을 도용했다. 하나님의 이름으로 자기들의 뜻과 자기들의 말을 합리화했다. 성경은 이런 거짓 선지자들에 대하여 분명히 경고한다. "만일 어떤 선지자가 내가 전하라고 명령하지 아니한 말을 제 마음대로 내 이름으로 전하든지 다른 신들의 이름으로 말하면 그 선지자는 죽임을 당하리라 하셨느니라"(신 18:20).

거짓 선지자는 하나님이 주신 임박한 심판의 메시지보다는 사람들이 듣기 좋아하는 평화와 축복의 말을 스스로 지어내어 하나님의 이름으로 말한다. "그들이 내 백성의 상처를 가볍게 여기면서 말하기를 평강하다 평강하다 하나 평강이 없도다"(렘 6:14). 《탈무드》에서는 축사에서 하나님의 이름을 과도하게 부르는 것도 이 계명을 위반하는 것이라고 말한다. 또한 하나님의 이름을 함부로 부르는 가정에는 가난과 위기가 찾아온다는 기록도 있다. [3]

예수님은 하나님의 이름으로 속임수를 쓰는 자들에게 진노하셨다. "그날에 많은 사람이 나더러 이르되 주여 주여 우리가 주의 이름으로 선지자 노릇 하며 주의 이름으로 귀신을 쫓아내며 주의 이름으로 많은 권능을 행하지 아니하였나이까 하리니 그때에 내가 그들에게 밝히 말하되 내가 너희를 도무지 알지 못하니 불법을 행하는 자들아 내게서 떠나가라 하리라"(마

7:22-23). 이렇게 하나님의 이름의 권위나 영적인 은사를 이용하여 다른 사람을 압제하거나 조종하고 자신의 이익을 구하는 자들은 심판을 피할 수 없다.

제3계명은 하나님의 이름으로 자행되는 불법을 엄하게 금지하고 있다. 이러한 일은 하나님을 오해하도록 만들기 때문이다. 하나님의 이름은 그분의 본성이나 인격, 가르침이나 교리, 그리고 윤리적 지침을 드러낸다. 하나님의 이름을 망령되게 부르는 것은 이러한 사실들을 왜곡하거나 잘못된 목적으로 이용하는 것이다.[4]

우리는 하나님의 이름으로 신실하게 말하고 거룩하게 행동할 책임이 있다. 하나님의 사람의 언행은 하나님의 이름에 영광을 돌리기도 하지만, 하나님의 영광을 가릴 위험성도 있다. 그리스도인은 사회에서 구별되고 모범적인 생활을 함으로 하나님의 이름에 합당한 영광을 돌려야 한다. 그리고 사회의 불의한 일이나 잘못된 풍조에 대해서는 묵인하거나 동조하지 말고, 하나님의 이름으로 "아니요!"라고 단호하게 말할 수 있어야 한다. 사회 문제에 대해 예언적인 발언을 할 때에는 사회적 책임을 다하면서도 하나님의 이름을 말할 때에 나로 인해 그분의 영광을 가리지 않는지 신중해야 한다.

하나님의 이름은 예배와도 밀접한 관련이 있다. 하나님의 이름을 망령되게 부르는 예배가 되어서는 안 된다. 찬양, 기도, 설교, 섬김, 헌금, 친교도 마찬가지다. 하나님의 거룩하심, 하나님의 영광, 하나님의 은혜, 하나님의 사랑을 드러내는 예배가 되어야 한다.

우리의 예배는 주로 언어를 사용하는데, 적합하고 정확한 언어의 선택이 중요하다. 강단에서 선포되는 말씀 가운데 때로는 언어폭력에 가까운 것들이 있다. "망령되게"(라쇄웨; la-shav; in vain; misuse)라는 말에는 '헛되이, 낭비하는, 쓸데없이, 함부로'라는 뜻이 들어 있다. 저주, 악담, 막말, 농담, 희롱하는 일에 하나님의 이름을 함부로 쓰면 안 된다. 하나님이 주신 영적 권위를 오용 혹은 남용(abuse)하거나 잘못된 목적(vain; empty purposes)을 위해서, 잘못을 정당화하기 위해서 하나님의 이름을 사용해서도 안 된다.

이는 비단 하나님에 대해 불경스러운 언어를 사용하는 것만을 의미하지 않는다. 달콤하고 아름다운 종교적 수사를 동원하여 반종교적인 행위를 미화하는 것도 해서는 안 된다. 행동으로는 하나님을 부인하면서 말로만 하나님을 시인하는 것도 하나님 이름의 남용에 해당된다. 이런 일은 이미 제도화된 종교에서 쉽게 목격되는 문제점이다. 불신자보다는 신자들이, 평신도보다는 사역자들이, 사회에서보다는 교회 안에서 더 많이 범하는 잘못이다.

교회나 성직자에 의해서 일어나는 영적 남용(spiritual abuse)이 바로 이러한 것들이다. 성직 매매, 교회 분열, 재정 남용, 성적 불륜, 은사 남용, 성경 왜곡, 설교 남용, 기복주의, 광신주의, 권위주의, 개인 숭배, 율법주의, 엘리트주의, 배타주의 등이다. 이런 것들은 개인이나 교회의 사사로운 이익을 위하여 하나님이 주신 영적 권위를 잘못 사용하기 때문에 발생하는 것이다. 하나님의 이름으로 말하면서 자신이 하나님이 되어 버린 것이다.

모든 힘은 남용될 위험성을 지니고 있다. 우리는 그동안 권력 남용, 공권력 남용, 성적 학대, 아동 학대 같은 많은 사회 문제를 보아 왔다. 영적인 힘도 위험하기는 마찬가지다. 아니, 영혼을 다루기 때문에 더욱 위험하다. 목회자는 어떤 의미에서 영적인 힘을 부여받은 공적인 위치에 있다. 목회자에게는 하나님과 교회가 위임한 영적 권위가 있다. 그런데 그 힘을 잘못 사용하면 영적 학대가 된다. 목회자의 영적 학대는 신자들의 마음과 영혼에 씻을 수 없는 큰 상처를 남긴다.

영적 학대의 심각한 피해를 우리는 이단, 사이비들을 통해 이미 많이 목격해 왔다. 그런데 이런 영적 학대는 정통적인 교회 안에서도 얼마든지 일어날 수 있다. 권위적인 목회자는 신자들을 죄책감과 두려움으로 위협하고 신자들의 일상생활이나 가정생활까지 통제하고 조종한다.

신자들을 조종하고 감시하고 통제하기 위해 엄한 규칙을 강요하는 율법주의, 자신의 주관적인 체험을 절대화하며 강요하는 광신주의, 자신의 교회나 목회자에 대한 충성만을 강조하며 다른 교회나 목회자를 판단하고 자신들만 진리를 가지고 있다고 가르치는 영적 엘리트주의 같은 것들이다. [5]

이런 목회자들은 영적 독재자가 되어 경고를 남발하며 질문을 하지 못하게 입을 막고, 징계와 출교를 일삼고, 집단을 떠난 자들에게 배신자라고 낙인을 찍는다. 생물학적인 가정보다 영적 가족이 우선한다면서 가족의 유대를 단절시키거나 공동생활을 강요하고 재산을 갈취한다.

목회자가 이러한 잘못에 빠지지 않으려면 다른 사람을 통제하려는 권력의 유혹, 도움을 구하러 오는 사람들을 조종하려는 유혹, 자신을 떠받드는 사람들 위에 군림하려는 교만의 유혹, 자기를 따르는 극성 팬클럽을 만들려는 극단의 유혹을 잘 알고 경계해야 한다. 하나님의 말씀을 자의적으로 해석하고 자아도취의 수단으로 활용함으로 "하나님의 말씀을 망령되이 사용함"(렘 23:36)의 위험성도 잘 알아야 한다.

"너는 네 하나님 여호와의 이름을 망령되게 부르지 말라"(출 20:7)는 말씀은 영적 남용에 대한 경계이기도 하다. 성경을 자기의 목적을 위하여 악용하고, 신자를 재정적으로 착취하고, 성적으로 학대하는 모든 형태의 영적 남용은 사라져야 한다.[6]

하나님의 이름을 망령되게 부르는 것은 하나님의 신성조차도 자신이 조종할 수 있다고 생각하는 위험한 망상에서 비롯된 것이다. 이것은 하나님을 '너무 작은 하나님' 또는 하찮은 존재로 만드는 것이다. 이렇게 사는 사람들은 인간의 생명조차 자신의 마음대로 하려 들 것이다.[7]

육신의 부모 이름도 존경하는 마음으로 예를 갖추어 부르고 다른 사람에게 한 글자씩 조심스럽게 소개하는 것처럼, 하나님의 이름은 경외하는 마음으로 영광스럽게 불러야 한다. 부모를 자랑스럽게 만드는 자녀처럼, 신자들은 하나님의 이름에 영광과 찬송을 돌려야 한다. "다니엘이 말하여 이르되 영원부터 영원까지 하나님의 이름을 찬송할 것은 지혜와 능력이 그에게 있음이로다"(단 2:20).

제3계명을 긍정적인 표현으로 말한다면 다음과 같을 것이다. "여호와 하나님 이름에 합당한 영광을 돌려라. 하나님께 영광을 돌리는 자는 반드시 복을 받으리라."

1. 제3계명과 제9계명은 법정에서 무엇을 금지하는 것과 관련이 있나요?

2. "망령되게"라는 말은 하나님의 이름을 어떻게 사용하는 것인가요?

3. 최근에 제3계명을 어긴 경우를 본 적이 있나요? 어떤 경우에, 누가 그랬나요?

4. 하나님의 이름을 언급하지 않으면서도 매일 한 가지씩 하나님께 영광을 돌리세요.

4

쉼의 필요

생산성 시대에
안식을 우선하라

"안식일을 기억하여 거룩하게 지키라 엿새 동안은 힘써 네 모든 일을 행할 것이나
일곱째 날은 네 하나님 여호와의 안식일인즉 너나 네 아들이나 네 딸이나
네 남종이나 네 여종이나 네 가축이나 네 문안에 머무는 객이라도
아무 일도 하지 말라 이는 엿새 동안에 나 여호와가 하늘과 땅과 바다와
그 가운데 모든 것을 만들고 일곱째 날에 쉬었음이라 그러므로 나 여호와가
안식일을 복되게 하여 그날을 거룩하게 하였느니라"(출 20:8-11).

안식일은 사라질 옛 계명인가?

시험 기간이 되면 교회학교 학생들의 3분의 1이 주일예배에 빠진다고 한다. 주일에 보충 수업을 진행하는 학교도 있고, 학원 주말반, 토익과 취업을 위한 시험, 마라톤이나 운동 경기도 주일에 진행된다. 이래저래 주일을 지키는 것이 점점 더 어려워지고, 갈수록 성수(聖守) 주일 정신이 희박해진다. 그래서 '가나안 신자'(교회에 안 나가는 신자)와 '플로팅 크리스천'(온라인상으로 이곳저곳을 떠도는 신자)이 많아져 명목상의 신자 비율이 점점 늘어나고 있다.

"불의 전차"는 1924년 파리 올림픽에 출전한 영국 선수 에

릭 리델(Eric Liddell)의 실제 이야기를 다룬 영화다. 리델은 자신의 주 종목인 100미터 달리기의 강력한 우승 후보였지만, 경기가 주일에 진행되기 때문에 경기 출전을 포기했다. "주일엔 달리지 않는다!" 영국을 대표해 출전한 그가 개인의 신앙적 이유로 경기를 포기한 것에 대해 영국인들의 비판이 거세게 일어났다. 급기야 영국 왕자까지 나서서 설득하려 했지만, 리델은 자신의 결정을 번복하지 않았다.

그런데 400미터 달리기에 출전하기로 했던 영국 선수가 부상으로 출전할 수 없게 되자, 리델이 그 선수 대신 평일에 열리는 400미터 달리기에 출전하게 되었다. 그리고 당시 47초 6이라는 세계 신기록을 세우며 우승하였고, 그 기록은 16년 동안 깨지지 않았다. 리델은 인터뷰에서 "처음 200미터는 제 힘으로 최선을 다했고, 나머지 200미터는 하나님의 도우심으로 빨리 달릴 수 있었습니다"라고 말했다. 그 후 그는 선수를 은퇴하고 중국 선교사로 떠났다.

이런 이야기는 우리에게 큰 울림과 감동을 준다. 그러나 오늘날 이렇게 사는 사람을 찾아보기는 힘들다. 이제 성수 주일을 명하는 제4계명은 역사 속에서 사라질 계명인가?

이 말씀은 오늘을 사는 우리에게 어떻게 다가오는가? "안식일을 기억하여 거룩하게 지키라 엿새 동안은 힘써 네 모든 일을 행할 것이나 일곱째 날은 네 하나님 여호와의 안식일인즉 너나 네 아들이나 네 딸이나 네 남종이나 네 여종이나 네 가축이나 네 문안에 머무는 객이라도 아무 일도 하지 말라 이는 엿새 동안에 나 여호와가 하늘과 땅과 바다와 그 가운데 모든 것을 만들고 일곱째 날에 쉬었음이라 그러므로 나 여호와가 안식일을 복되게 하여 그날을 거룩하게 하였느니라"(출 20:8-11).

제4계명은 "안식일을 기억하여 거룩하게 지키라"는 것이다. 안식일 준수 계명은 4절에 걸쳐 기록되어 있는데, 십계명 중 가장 길게 서술되어 있다. 하나님은 안식일을 "기억하고", "지키라"고 하신다. 즉 평일에는 안식을 기억하고, 안식일 당일에는 준수하라는 의미다.

일주일 중 가장 먼저 안식일을 지키고, 월·화·수요일은 안식일을 기억하고, 목·금·토요일은 다가오는 안식일을 기대하며 보낸다. 그러면 실제적으로 일주일 내내 안식일을 거룩하게 지키고, 이날을 기억하거나 준비하고 기대하게 되는 셈이다. 출애굽기에서는 "안식일을 기억하라"는 데 방점이 있고, 신명기에서는 "안식일을 지키라"(신 5:12-15)에 강조점이 있다. 이렇게 안식일이 모든 날의 중심이다. 안식일이 빠지면 평일이 중심을 잃는다.

창조 원리가 담긴 진정한 안식

십계명에서 하나님의 창조 원리가 안식일로 제도화되었다.[1]

하나님의 형상대로 지음 받은 인간은 하나님이 어떻게 일하시고, 어떻게 쉬시는가를 본받아 살아야 한다. 안식일 준수는 하나님을 닮아 가는 것이고, 동시에 우리가 하나님이 아니라는 사실을 깨닫게 해 준다.

제4계명은 하나님이 자신의 선행 행위를 본보기로 인간에게 요구하시는 유일한 계명이다. 안식일은 하나님이 세상을 창조하실 때부터 등장한다. 물론 하나님은 신이시니 쉴 필요가 없는 분이시다. 따라서 이것은 순전히 인간을 위해 하나님이 보이신 모본이다. 한마디로, 안식일은 창조 때부터 인간을 위한 계획이며 장치이고, 하나님의 선물이다. "하나님이 그가 하시던 일을 일곱째 날에 마치시니 그가 하시던 모든 일을 그치고 일곱째 날에 안식하시니라 하나님이 그 일곱째 날을 복되게 하사 거룩하게 하셨으니 이는 하나님이 그 창조하시며 만드시던 모든 일을 마치시고 그날에 안식하셨음이니라"(창 2:2-3).

창세기 기사에 따르면, 하나님은 6일 동안 세상을 창조하시고 7일째에 쉬셨다. 그런데 왜 창조를 마치신 날이 여섯째 날이 아니고 일곱째 날인가? 그러면 일곱째 날에는 무엇을 만드셨는가? 일곱째 날은 안식(메누하; menuha)이 창조된 날이다. 하나님이 가장 마지막에 만드신 것이 안식일이고, 따라서 하나님의 창조는 안식함으로써 완성되었다.

일주일 일곱 날 중 가장 핵심적인 날이 바로 안식하는 날이다. 6일 동안 하나님이 창조하신 일을 안식일에 음미하고 즐긴다. 안식이 창조의 목적이며 결승점이다. 안식에 도달하기 위해 6일 동안 일한다. 그러므로 안식일은 일하는 목적이 된다. 일하기 위해 쉬는 것이 아니다. 안식하기 위해 일한다. 안식하기 위해 산다.

하나님께는 안식일이 창조의 마지막 날이지만 여섯째 날 창조된 사람에게는 안식일이 그의 첫째 날이다. 사람은 안식부터 하고 일을 시작한다. 하나님은 만들고 쉬셨는데, 우리는 일단 쉬고 나서 일한다. 유대인의 날 개념도 저녁에서 시작하여 아침으로 간다. 쉼에서 일로 가는 것이다. 이것 또한 인간에게 베푸신 하나님의 호의(God's favor)이며 은혜다.

창세기에 보면, 하나님이 일곱째 날에 쉬시면서, 그날을 복되게 하고 거룩하게 하셨다고 기록되어 있다(창 2:1-3). 여기서 세 가지 동사가 중요하다. '쉬셨다'(rested), '복되게 하셨다'(blessed), '거룩하게 하셨다'(sanctified). 이것이 바로 '휴복성'(休福聖)이다. 세상 사람들도 일요일에 쉰다. 그러나 그들은 그날에 하나님이 주시는 복을 받거나 성령으로 거룩해지지 않는다. 그러므로 그것은 진정한 안식이 아니다. 진정한 안식은 휴복성, 즉 쉼, 복, 성별의 세 가지가 함께하여 우리에게 육체적, 정신적, 영적인 영향을 미치는 것이다.

하나님은 어디에 복을 매달아 두시는가? 하나님은 시간에 복을 주셨다. 하나님은 제일 먼저 시간을 거룩(카도쉬; qadosh)하게 하셨다. 장소의 성화는 다른 종교에서도 찾아볼 수 있다.

그러나 기독교는 장소의 성화(성전)뿐 아니라 시간의 성화(안식), 더 나아가 사람의 성화(성결)까지 나아간다. 성경에서 제일 먼저 여기에 '카도쉬'(거룩)가 나온다. 인간의 타락 이전부터 안식일은 거룩했고, 인간의 타락 이후에도 안식일은 거룩을 유지했다.

'카도쉬'는 하나님이 시간에 복과 거룩함을 묶어 두신 것을 의미한다. 하나님은 공간을 아름답게 하시고, 시간을 거룩하게 하셨다. 안식일은 하나님이 시간에 지어 놓으신 지성소(성전)다. 안식일 준수의 바른 정신은 쉼, 복, 성별, 이 세 가지의 조화다. 세 가지 중 하나라도 빠지면 진정한 안식일이 아니다.

안식일은 하나님 나라를 예시한다. 따라서 안식일 준수는 이 땅에서 하나님 나라를 앞당겨 경험하는 것이 된다. 거룩한 성도들이 영원한 복 가운데 쉼을 얻는 것이다. 안식일은 우리가 앞으로 들어갈 영원한 안식의 예고편이다(히 4:9-11). 우리는 이 안식에 들어가기를 힘써야 한다.

세상 사람들의 일요일은 하나님의 복과 성별이 빠져 버린 '모조 안식일'일 뿐이다. "만일 안식일에 네 발을 금하여 내 성일에 오락을 행하지 아니하고 안식일을 일컬어 즐거운 날이라, 여호와의 성일을 존귀한 날이라 하여 이를 존귀하게 여기고 네 길로 행하지 아니하며 네 오락을 구하지 아니하며 사사로운 말을 하지 아니하면 네가 여호와 안에서 즐거움을 얻을 것이라 내가 너를 땅의 높은 곳에 올리고 네 조상 야곱의 기업으로 기르리라 여호와의 입의 말씀이니라"(사 58:13-14).

안식일에 오락을 금하고, 즐거운 날이라 존귀한 날로 여기고, 자기 마음대로 행하지 않고, 사사로운 말을 하지 않으면 복이 약속되어 있다. 안식일을 지킴으로 얻는 복은 기쁨("즐거움"), 명예("높은 곳에 올리고"), 기업("야곱의 기업")이다. 하나님이 확실한 말씀으로 약속하셨다.

▍옛것에서 벗어나는 자유

안식일에 대한 명령은 출애굽기 16장에 나온다(출 16:4-5, 21-30). 안식일 준수 명령이 십계명을 주시는 출애굽기 20장 이전에 이미 존재하고 있었다는 증거다. 이것은 당시 고대 근동에서는 이스라엘에게만 주어진 유일한 관습이었다. 일곱째 날, 즉 안식일은 일하지 않고도 먹을 수 있는 날이다. 이 얼마나 큰 축복인가! 내가 일해서 먹고사는 것이 아니라 하나님이 주셔서 먹고산다. 안식일 제도는 애굽에서 광야에 나오자마자 만나와 메추라기 사건을 통하여 효과가 입증되었다. 광야에서의 이야기는 하나님이 모든 피조물의 필요를 채우신다는 축복의 언약을 담고 있다.

안식일 계명은 시내산 계시를 통하여 일회적으로 주어진 계명이기보다는 이스라엘 민족의 광야 생활이라는 구체적인 상황에서 구성되고 발전된 계명이다. 옛 주인(애굽)을 떠나 새로운 주인(하나님)을 모시게 된 이스라엘이 과거 노예의 삶과는 확실히 구분되는 새로운 생활을 하게 되면서, 안식의 자유를 누리게 된 것이다. 신명기 5장 15절은 하나님의 구원 사건을 기억하며 안식일을 지키라고 말한다.

출애굽이 외적 자유의 상징이라면, 안식일은 내적 자유의 상징이다. 이것이 옛 주인과 새 주인의 차이이며, 이전의 생활과 새로운 생활의 분명한 구분이다. "너희는 노예가 아니라 자유인으로 살라". 안식을 누리지 못하는 것은 하나님의 축복을 믿지 못하는 불신앙이다. 또한 과거 노예의 삶으로 회귀하는 어리석은 옛 습관이다.

하나님이 주신 자유는 비단 이스라엘 사람뿐 아니라 종이나 나그네, 육축, 들짐승, 토지까지 확대하여 모두가 함께 누리는 우주적인 축복이다. 자신은 안식하면서 대신에 짐승이나 종에게 일을 시키는 폐단을 막기 위하여, 하나님은 일일이 대체 가능한 대상들을 언급하면서 함께 안식하라고 말씀하신다.

안식일 준수는 종이나 짐승까지도 노동으로부터 쉼을 얻는 공동체를 위한 사회 윤리와 생태 윤리까지도 포함한다.[2] 안식일 준수는 이웃을 향한 공간적 확장에 그치지 않고, 후에 시간적으로도 확대되어 안식년, 희년으로 정착된다. 새로운 도덕 공동체의 질서와 자유를 실제 시간과 공간에서 경험하는 것이다.

시간의 성화

유대교는 성전(성막)을 공간 성별의 상징으로, 안식일을 시간 성별의 상징으로 삼았다. 그리고 점진적으로 장소에서 시간 쪽으로 비중을 옮겨 갔다. 예루살렘 성전이 사라지고 많은 고난을 겪고 나라와 영토를 잃고 유랑 생활도 했지만, 이스라엘이 그들의 정체성을 오래도록 유지할 수 있었던 이유는 언제 어디에서나 안식일을 지켰기 때문이다.

아카드 하암(Achad Haam)은 "유대인이 안식일을 보존했다기보다는 안식일이 유대인을 보존했다고 단언할 수 있으며, 이것은 결코 과장이 아니다. 안식일이 유대인의 영혼을 회복시켜 주고 매주 그들의 영적인 삶을 새롭게 해 주지 않았다면 유대인은 평일의 침울한 경험들 때문에 너무나 절망하여 물질주의와 도덕적, 지적 타락의 밑바닥에까지 떨어졌을 것이다"[3]라고 했다.

그리스도인의 소명은 공간을 정복하고 시간을 성화하는 것이다.[4] 성경은 공간보다 시간에 더 관심을 갖는다. 그렇게 보면 기독교는 시간의 성화를 목표로 하는 시간의 종교라 할 수 있다. '안식'을 의미하는 히브리어 '샤밧'(shabbat)은 안식일을 한 주의 다른 날과 분리하는 것이다. 시간을 거룩하게 하는 것이다. 한 주간의 다른 날들과 진정으로 구별된 삶을 사는 것이다. 안식일은 구별된 날이므로 다른 날과 달라야 한다.

안식일은 시간의 성소다. 일상의 시간을 의미 있는(거룩한) 시간으로, 물리적인 시간을 영적인 시간으로, 흐르는 시간을 축적되는 시간으로, '크로노스'를 '카이로스'로 바꾸는 것이다. 안식일에 우리의 유한한 시간과 하나님의 영원이 만난다. 안식일은 우리가 이 세상에서 영원을 만날 수 있는 시간이다. 안식일은 영원과 시간의 접촉점이다. 안식일에 우리의 평범한 시간을 영원으로 승화시켜 줄 수 있는 계시적인 사건이 일어난다. 그래서 안식일을 지키는 것은 시간 낭비가 아니라 시간의 구속이다.

그리고 안식일 준수 계명에는 종교적인 요구와 윤리적인 요구가 동시에 들어 있다. 의례적인(ceremonial) 측면과 도덕적(moral) 측면을 함께 담고 있다.

마르바 던(Marva Dawn)은 《안식》(IVP, 2001)에서 그침, 쉼, 받아들임, 향연의 네 가지로 안식일을 설명했다. 안식은 일뿐 아니라 마음의 근심, 걱정, 긴장을 멈추는 것이고 피조물이 하나님처럼 되려는 노력을 멈추는 것이다. 그리고 육체적, 정서적, 사회적, 영적인 쉼을 누리고, 더 나아가 하나님의 은혜와 평안과 소명을 받아들이는 것이다. 그날에 영원에 대한 향연, 음악과 아름다움과 음식과 사랑이 있는 향연의 축제를 벌이는 것이다. 내가 주도적인 삶을 사는 것에서 벗어나 하나님께 의탁하고 하나님께 이끌림을 받는 삶을 살아가는 것이다. 이것이 바로 신앙의 성숙이다.

월터 브루그만(Walter Brueggemann)은 안식일은 불안, 강요, 배타주의, 과중한 일에 대한 저항이라고 말한다. 현대의 파라오(바로)는 상품 소비 시스템으로 우리가 더 많이 원하고, 더 많이 소유하고, 더 많이 사용하고, 더 많이 먹고 마시기를 강요한다. 하나님이 우리에게 주시는 안식은 현대의 파라오(바로)가 야기하는 끝없는 불안에 맞서게 한다. "안식일은 저항만이 아니다. 안식일은 대안이다."[5] 안식일은 상품 생산과 소비가 우리의 삶을 좌지우지하지 못한다는 것을 명확히 보여 주기 때문이다.

유대인들의 안식일 이해는 '쉼'보다 '금지'에 더 방점을 둔 것이었다. '금지'가 '쉼'을 압도해 버렸다. 그래서 선물을 멍에로 만들었다. 그러나 '쉼'과 '금지'는 균형을 이루어야 한다. 인간을 위해서는 '금지'보다 '쉼'의 정신이 더 중요하다. 안식에서 우리는 삶의 리듬을 발견한다. 쉼표 없이 계속 반복되는 연주는 더 이상 아름다운 음악이 아니라 소음이다. 적절한 쉼이 소리를 음악으로 만들어 준다.

안식일은 하나님과 우주의 리듬에 맞춰 자신의 삶의 숨 고르기를 하는 날이다. 인간의 영, 혼, 몸이 하나님께 조율되어 삶의 리듬을 회복하는 것이다. "고도원의 아침 편지"에서는 "자동차로 말하자면, 가장 위험한 차는 브레이크가 고장 난 차입니다. 멈춰야 할 때 멈추지 못하면 사고가 납니다. 인생의 쉼표는 브레이크입니다"라고 말한다. 안식은 삶을 보는 새로운 안목을 열어 준다. 기도, 예배, 안식을 통해서 자기 초월의 경험을 할 수 있다. 자신을 객관화시켜 볼 수 있는 기회를 갖게 된다.

일이 선물이 되려면 쉼이 필요하다

안식일은 다른 한편, 일에 대한 사상을 담고 있다. 일은 신성한 것이다. 하나님도 일하셨듯이 모든 인간은 일을 해야 한다. 그러나 일만 하고 사는 것은 아니다. 일이 고역이 아니라 하나님의 선물이 되기 위해서는 쉼이 필요하다.

안식일 계명은 일에 대한 긍정적 사상뿐 아니라 쉼에 대한 긍정적인 사상까지 제공해 준다. 쉬는 것은 게으른 것이 아니다. 하나님이 주신 일에는 책임과 자유가 따른다. 일이 탐욕이나 자만 또는 착취의 도구가 되어서는 안 된다. 인간이 일에 지배를 당하면 그것도 일종의 우상 숭배다. 일하지 않는 나태한 사람도, 과도하게 일하는 일중독도 타인에게 짐이 되는 것은 마찬가지다. 인간은 로봇이나 기계가 아니다. 사람이 안식일을 지키는 것이 아니라 안식일이 사람을 지킨다. 사람은 안식일을 누리는 자다. 안식일은 사람에게 주신 하나님의 선물이다.

일이 안식일을 귀하게 만들고, 안식일 준수가 일을 거룩하게 만든다. 일과 예배가 조화를 이루어야 한다. 평일에 일한 열매를 가지고 와서 주일에 예배를 드리니 일은 예배를 가치 있게 하고, 안식하면서 드리는 예배는 평일의 일을 거룩하게 한다.

구약의 '아바드'(abad), 신약의 '레이투르기아'(leitourgia)라는 단어는 영어의 '서비스'(service)처럼 경우에 따라 "일"로 번역되기도 하고 "예배"로 번역되기도 한다. 다시 말해, 성경에서 일과 예배는 별개가 아니라 동일한 것의 다른 표현으로 이해해야 한다. "예배"는 교회에서 하나님을 섬기는 일이고, "일"은 세상에서 하나님을 섬기는 예배다. 우리는 언제 어디서나 두 주인을 섬기지 않고 한 주인을 섬겨야 한다.

레티 카우만(Lettie B. Cowman)의 《골짜기의 샘》에 이런 이야기가 나온다. 아프리카 깊은 정글의 한 여행자가 짐을 나르기 위해 부족민들을 고용했다. 다음 날 아침 여행자는 조금이라도 더 빨리 가기 위해 부족민들을 재촉했다. 그런데 부족민들은 앉아서 쉴 뿐 이동하려고 하지 않았다. 그 이유를 묻자, 그들은 "첫날 너무 빨리 이동하는 바람에 이제 우리의 영혼이 육신을 따라잡을 때까지 기다리고 있다"[6]고 대답했다. 안식일은 평일의 생활에서 벌어졌던 육체와 영혼의 간격을 좁혀 주는 날이며, 영혼이 육체를 따라잡는 시간이다. 그렇지 않으면 둘 사이가 너무 벌어져 영혼을 영영 잃어버릴 수도 있다.

일할 때가 있고 쉴 때가 있다. 우리 일의 목적이 물질이나 지위에 있어서는 안 된다. 일이나 안식의 목적은 같다. 일과 안식의 진정한 목적은 하나님을 섬기고, 하나님께 영광을 돌리며, 일과 쉼을 주신 하나님을 기억하고 즐거워하는 것이다. 안식은 존재물을 향한 욕망, 무엇이 되고 싶은 욕망에서 벗어나 존재 자체를 기뻐하고 향유하는 것이다.

이처럼 해방의 날, 존재의 날이란 의미에서 안식일과 주일은 일치한다.[7] 안식일을 주일로 하는 것은 구약의 안식일을 메시

아적으로 확대한 것으로, 신학적 의미가 확장되어 있다. 구약의 안식일 개념에 더해 부활하신 예수님을 찬양하고 예배하는 날로 지키는 것이다.

막달라 마리아는 '안식 후 이른 새벽'에 예수님의 무덤을 찾아갔다. 결국 안식일을 온전히 지키고 예수님의 부활도 체험한 것이다. 이렇게 안식과 부활은 연결되어 있다. "인자는 안식일의 주인"(마 12:8)이란 말씀처럼 진정한 안식은 예수님 안에 있다.

구약의 안식일이 주일로 바뀌게 된 근거는 예수님이 부활하신 날, 성령이 강림하신 날이 주일이기 때문이다(행 2:1). 초대교회는 주님이 부활하신 '안식 후 첫날'을 '주의 날'(Lord's Day)로 지켰다(행 20:7). 안식일을 주일로 지키면서 안식일 준수의 신학적 의미가 확장되었다. 안식일은 창조와 구원의 날에서 예수님 부활의 날로 나아간다. 그러므로 주일의 전통 안에 안식의 정신이 녹아 있어야 한다.

▎하나님의 주권을 고백하는 것

안식일 준수는 하나님의 창조와 구원의 행위를 상기시켜 준다. 출애굽기에 언급된 안식일 준수(출 20:11)는 하나님의 창조 행위와 관련되어 있고, 신명기에 언급된 안식일 준수(신 5:15)는 출애굽 당시의 하나님의 구원 행위와 연관되어 있다. 신명기의 안식일에서는 약자에 대한 관심과 보호가 상대적으로 더 강조되어 있다. 애굽에서 억압받던 노예 생활을 기억하여 종들과 나그네들을 배려하는 사상이 담겨 있는 것이다. 예수님은 안식일을 각종 병에 시달리던 사람들을 고치고 회복하는 날로 삼으셨다. 치유하시고, 회복하시고, 마침내 예수님이 부활하셨다.

안식일은 하나님이 모든 시간의 중심이심을 드러낸다. 그런 의미에서 제7일은 하나님의 날이다. 하나님이 모든 물질의 주인이시라는 고백으로 십일조를 드리듯, 안식일은 하나님이 생명과 시간의 주인이시라는 것을 "시간의 칠일조(七一條)"를 통해 고백하는 것이다.[8]

안식일은 사람의 일상의 일들이 초월적이신 하나님께 의존되어 있음을 밝히는 것이다. 사람의 일들은 사람의 힘으로 완성하는 것이 아니라 하나님이 완성하신다. 사람은 자기 일의 열매만 가지고는 충족될 수 없는 존재다. 하나님만이 사람의 필요를 온전히 채우신다는 약속이 안식일에 담겨 있다.

"사람이 떡으로만 사는 것이 아니요 여호와의 입에서 나오는 모든 말씀으로 사는 줄을 네가 알게 하려 하심이니라"(신 8:3). 이 말씀이 만나를 먹이신 하나님의 뜻이요, 안식일을 주신 본뜻이다. 안식일 준수는 사람이 스스로 일해서 먹고사는 것이 아니라 하나님이 주시는 은혜로 먹고산다는 것을 가르쳐 준다.

안식일을 지키는 것은 나의 삶에 하나님의 주권을 고백하는 것으로, 신앙의 표현이다. 하나님이 먹이실 것을 믿기 때문에 쉴 수 있다. '쉬는 것'과 '신뢰하는 것'은 동의어다. 신뢰할 수 있는 곳에서 쉴 수 있기 때문이다. 시편 23편에서처럼 "사망의 음침한 골짜기"를 두려워하지 않고, "원수의 목전"에서 쉴 수 있는 것은 목자를 신뢰하기 때문이다(시 23:4-5). 자치를 포기하고 자신에 대한 하나님의 지배를 받아들이는 것이다. 안식일의 유익은 하나님이 우리를 돌보시는 법을 배우는 데 있다. 안식은 우리 일상에 하나님이 개입하실 여지를 남겨 드리는 것이다. 안식은 신뢰의 행위다.

오늘날 안식일을 재발견하는 것은 '행동'보다 '존재'를 앞세우는 진정한 영성의 회복을 의미한다. 생산성, 효율성, 성취감이 중시되는 현대 사회에서 행위가 아니라 존재를 바라보게 한다. 세상은 능률과 효율을 숭배한다. 존재가 아니라 행위로써 자신을 증명하려 한다. 그래서 쉬지를 못한다. 안식은 생산성을 중시하는 시대에 인간의 참된 정체성을 확립하는 것이다.

안식은 하나님의 패턴이다. 하나님과 우주의 리듬에 맞춰 삶의 숨 고르기를 하는 날이 안식일이다. 영, 혼, 몸이 하나님께 조율되어 삶의 리듬을 회복하는 것이다. 주일에 안식하지 못하는 사람은 나름의 하루를 정하여 예배하며 하나님이 주시는 복과 거룩함을 회복하자. 주일뿐 아니라 일상에서 잠시 시간을 내어 기도하는 것도 일상에서 휴대용 안식을 가지는 것이다. 제4계명은 "일상과 시간에서 자유와 쉼을 누리라"는 말씀이다.

1. 하나님은 세상을 만드시고 일곱째 날에 어떻게 하셨나요? (창 2:2)

2. 하나님은 만나 사건을 통하여 무엇을 훈련시키셨나요? (출 16:4-5, 21-30)

3. 하나님은 안식일을 어떻게 하셨나요? (출 20:11)

4. 안식일 준수에서 조화를 이루어야 하는 세 가지 정신은 무엇인가요?

5. 일은 예배를 가치 있게 하고, 예배는 일을 어떻게 만드나요?

6. 일주일에 하루는 하나님께 예배하며 온전한 쉼을 누리세요.

5

성경이 가르치는 효

초고령 사회에 주께 하듯
부모를 공경하라

"네 부모를 공경하라
그리하면 네 하나님 여호와가 네게 준 땅에서 네 생명이 길리라"(출 20:12).

▍초고령 사회를 살다

다섯 남매를 모두 대학까지 졸업시키고, 시집, 장가까지 보낸
후, 이제는 한시름 놓은 어느 아버지가 하루는 자녀들, 며느리
들, 사위들을 불러 모았다. 아버지가 말했다. "얘들아, 내가 그
동안 너희들 키우고, 사업하느라 빚을 좀 졌다. 빚을 계산해
보니 한 7억 정도 된다. 내가 이제는 늙고 건강도 안 좋아졌으
니, 일도 더 할 수 없으니, 이제는 너희들이 이 빚을 좀 갚아 다
오. 너희 형편대로 얼마를 갚아 줄 수 있는지 이 종이에 금액
을 적어 다오."

아버지의 유산을 받을 것으로 기대했던 자녀들은 아버지의

말에 모두 당황할 수밖에 없었다. 마지못해 셋째 아들이 제일 먼저 종이에 "5천만 원"이라고 적었다. 그러자 나머지 자식들도 마치 경매 가격 매기듯 "1천만 원", "1천 5백만 원", "2천만 원", "2천 5백만 원"을 적었다. 자식들이 적은 금액을 다 합해도 1억 2천만 원밖에 되지 않았다.

몇 달 후, 아버지는 자녀들을 다시 불러 모았다. 그러고는 "내가 죽고 나면 너희들끼리 얼마 되지도 않는 유산으로 싸움질하고 반목할까 봐 재산을 정리했다. 다시 계산을 해 보니 다행히 빚을 다 갚고도 6억 정도 재산이 남았다. 그래서 지난번에 너희가 적어 준 액수의 다섯 배씩을 상속해 주려고 한다. 5천만 원 적은 셋째는 2억 5천만 원, 1천만 원 적은 첫째는 5천만 원 식이다. 이것으로 너희들에게 내가 줄 재산 상속은 끝이다." 액수를 적게 적어 냈던 자녀들은 얼굴빛이 변했다.

우리나라 65세 이상 노령 인구의 비중이 1960년 전체 인구의 2.9%에서 2020년에는 19.2%로 크게 늘어났다. 우리나라는 2000년에 '고령화 사회'(Aging Society)로 진입한 이래 2018년에는 '고령 사회'(Aged Society)가 되었고, 7년이 지난 2025년에는 '초(超) 고령 사회'에 들어서게 되었다.

의료 기술의 발달에 힘입어 평균 수명도 2001년 76.5세에서 2024년에는 82.7세로 늘어났다. 남녀 평균 수명의 불균형도 심각한데, 2024년도 남자의 평균 수명은 79.9세, 여자는 85.6세로 여자가 평균 5.7세 높다. 선진 외국의 경우, 노령 인구가 7%에서 14%로 되는 기간, 즉 고령화 사회에서 고령 사회로 들어가는 데 프랑스는 115년, 미국은 75년, 서독과 영국은 45년 걸렸는데, 우리나라는 18년밖에 안 걸렸다. 한국의 인구 고령화 속도가 세계에서 가장 빠른 것으로 나타났다.

이것은 무엇을 의미하는가? 오랜 기간 동안 고령화 사회를 대비해 온 선진 외국의 경우와 달리 우리나라는 급속하게 고령화가 진행됨으로써 사회, 경제, 문화, 의료, 윤리 각 분야에 위기를 초래하고 있다는 것이다. 유럽과 미국 같은 선진국에서도 인구의 고령화와 관련된 문제들 때문에 정치, 경제, 사회에서 커다란 어려움을 경험하고 있다. 상대적으로 초고령 사회에 대한 준비가 부족했던 우리나라는 현재 그 심각성조차 감지하지 못하는 것처럼 보인다.

고령화 사회의 위협 요인들에는 비경제 활동 인구 증가로 부양에 대한 국민 부담 가중, 노인 인구 증가에 따른 건강보험 재정 악화, 연금 체계의 위기, 장기 요양 시설의 부족, 한정된 의료 자원의 분배 문제, 경제 성장률 둔화, 노인의 일자리 부족, 사회와 가족으로부터의 소외 등이 있다.

부양 의무를 저버리는 자녀가 늘고, 독거 노인들도 많아지고, 죽음과 고통을 멀리하는 문화 때문에 요양원에서 죽음을 맞이하는 이들이 늘어 간다. 집이 아닌 병원이나 요양원에서 죽음을 맞이하는 경우가 대부분이어서 품위 있는 죽음을 맞이하기 힘들어졌다. 아마 병원에서 장례식장을 운영하는 경우는 세계에서 우리나라밖에 없을 것이다. 그것도 장례식장이, 살리기 위해 노력하는 병원 이상의 수익을 올리고 있다.

한국은 초저출생율에 초고령화 사회다. 60세 이상이 되면 직장에 남아 있기 힘들다 보니 소득이 크게 감소한다. 최근의 조기 퇴직 추세를 감안하면 이 같은 소득 감소 속도는 더욱 빨라질 전망이다. 반면에 노인층의 대표적인 지출 항목인 의료비는 건강보험 자료에 따르면, 1990년 2,400억 원에서 2020년에는 37조 6,135억 원으로 증가하여 전체 건강보험 진료비의 43.4%를 차지하게 되었다.

거기에다가 고부 갈등, 생계 문제, 노인과 성, 노년의 재혼, 노후의 외로움 같은 노인 인구와 관련한 사회 문제도 많아졌다. 특별히 경제적 빈곤, 건강 악화, 소외로 인한 외로움, 소일거리 없음이 노인 인구의 4대 주요 문제다.

현재 우리나라 노인 복지 정책은 가정에서의 부양을 우선으로 하고, 그 후 국가적 차원에서의 보호 정책을 실시함으로 가족의 부담과 고통을 가중시키고 있다. 이제는 노인 공경이라는 전통적인 효 사상을 강조하는 것만으로는 한계가 있다. 더구나 핵가족의 가속화와 가정의 해체 경향, 그리고 여성 취업의 증가로 노인 단독 가구가 증가하면서 사실상 노인들이 가족의 도움을 받기가 불가능한 경우가 많다.

지금 고령 사회에 대한 국가의 대비는 주로 의료, 복지, 경제 정책에 치우쳐 있다. 이런 노력으로 어느 정도의 성과를 거둘 수 있겠지만, 근본적인 치유보다는 증상을 완화시키는 차원에 머물기 쉽다. 왜냐하면 이러한 접근은 의도적이든 아니든 노인이라는 존재를 문제시하는 시각에서 출발하고 있기 때문이다. 노령화는 해결해야 할 문제가 아니라 모든 '생명의 소중한 과정'이라는 새로운 인식이 필요하다.

우리는 노인을 문제로 보던 시각에서 탈피하여 생명에 대한 통전적인 관점에서 '나이 듦'과 '죽어 감'을 바라볼 수 있어야 한다. 늙음이나 죽음이 현재 삶의 일부가 되지 못하면 건강한 삶을 살아갈 수 없다. 죽음은 삶의 한 과정이며 삶의 한 조건이다. 우리의 삶이 좋은 삶, 그리고 좋은 죽음으로 나아가야 한다.

고령화 사회에서 노인에 대한 이해는 생명 자체에 대한 이해로부터 출발해야 한다. 우리가 직면한 현실에서 노인에 대한 사회적, 문화적 편견의 원인을 살펴보고, 젊음과 늙음, 그리고 죽음에 대한 바른 가치관을 형성하는 것이 중요하다.

하나님 경외와 부모 공경

"네 부모를 공경하라 그리하면 네 하나님 여호와가 네게 준 땅에서 네 생명이 길리라"(출 20:12). "너는 네 하나님 여호와께서 명령한 대로 네 부모를 공경하라 그리하면 네 하나님 여호와가 네게 준 땅에서 네 생명이 길고 복을 누리리라"(신 5:16). 성경에는 "자식을 사랑하라"는 계명은 없다. 왜 그럴까? 자식 사랑은 본능적이기에 계명이 없어도 되기 때문인지 모른다. 그러나 "부모를 공경하라"는 계명은 있다. 부모를 사랑하는 것은 의지적인 노력이 필요하기 때문이다. 자식 사랑은 자연스럽게 되는 반면, 부모에 대한 순종과 공경은 점점 어려운 일이 되고 있다. 그래서 우리에게 부모 공경의 계명이 주어졌다.

십계명에서 하나님 신앙과 부모에 대한 효가 제5계명에서 만난다. 하나님과의 신앙 관계와 인간 사이의 윤리 관계가 만나는 것이 "부모를 공경하라"는 계명이다(출 20:12; 신 5:16). 그러므로 기독교에서의 효는 신앙과 윤리가 만나는 지점에 위치한다. 제5계명은 신앙과 윤리의 상호 관계를 잘 드러낸다.

성경에서 부모와 자녀의 관계는 종종 하나님과 인간의 관계를 은유적으로 표현할 때 사용된다(출 4:22-23; 신 32:5-6; 말 1:6). 따라서 부모를 공경하는 것은 하나님을 경외하는 것과 연결된다. 부모를 공경하는 것과 하나님을 경외하는 것은 상통하는 점이 많다. 하나님을 공경하는 사람은 부모를 공경한다. 부모를 공경하지 않는 사람은 하나님도 공경하지 않는다. 하나님을 공경하면서 부모를 공경하지 않는 것은 무엇인가 잘못되어 있다. 바울은 "누구든지 자기 친족 특히 자기 가족을 돌보지 아니하면 믿음을 배반한 자요 불신자보다 더 악한 자니라"(딤전 5:8)라고 했다.

십계명에서 "부모를 공경하라"는 계명은 그 내용이나 형태, 표현에 있어서 하나님에 대한 신앙과 유사하다. 어버이는 하나님과 같은 존재이고, 하나님도 어버이와 같은 존재다. 그래서 성경에서는 하나님을 '아버지'라고 부른다. 부모는 이 땅에서 '하나님의 대리자'다. 그러므로 부모는 이 땅에서 하나님의 모습을 반영해야 한다. 그중에서도 특별히 하나님의 사랑을 보여 줘야 한다.

그리고 신자가 보이는 부모를 공경하지 않으면서 보이지 않는 하나님을 섬긴다고 말하는 것은 거짓이다. 하나님이 생명의 궁극적인 근원이시라면, 부모는 생명을 전달해 준 분이다. 그러므로 부모를 공경하지 않는 것은 궁극적으로 생명의 원천이 되시는 하나님을 공경하지 않는 것이 된다. 부모를 불명예스럽게 하는 것은 자기 생명의 기반을 송두리째 무너뜨리는 것이다.

부모 공경의 계명에서 종교적인 요소와 윤리적인 요소가 밀접하게 연결된다. 그러므로 제5계명은 단순히 부모와 자식 간의 인간관계에서 한 걸음 더 나아가 하나님과 인간의 관계까지 포함한 계명이다. 이 계명은 이중적인 의미를 가진다. 부모 공경의 의무를 저버리는 것은 첫째, 가장 기초가 되는 공동체를 파괴하는 행위이며, 둘째, 하나님에 대한 반역이다.

"공경"의 히브리어 어원은 '카베드'(kabed)로 '무겁게 여기다', '비중 있게 생각하다', '중요하게 여기다'라는 뜻이다. 이런 의미에서 보면 부모 공경은 부모를 무겁고 중요하게 여기고 부모의 말씀을 무겁고 중요하게 받아들이는 것이다. 부모 공경은 기본적으로 부모의 안위를 생각하고, 정서적으로나 물질적으로 마음으로부터 우러나는 존경심과 정성으로 보살펴 드리는 것이다.

십계명은 가치 체계 순서로 나열되어 있다. 부모 공경은 인간관계에 대한 계명 중 가장 먼저 등장하는 계명이다. 성경은 부모 공경을 인간이 지켜야 할 윤리 가운데 가장 중요한 윤리로 취급하고, 그것을 모든 인간관계의 기초로 설명하고 있다. 심지어 그다음에 나오는 "살인하지 말라"는 계명보다 "부모를 공경하라"는 계명을 우선적으로 요구하고 있다. 그러나 오늘날엔 살인, 간음, 도적질에 비하면 불효는 그렇게 큰 죄나 잘못으로 보지 않는다.

성경이 부모 공경을 다른 것보다 먼저 중요하게 여기는 것은 모든 생명이 부모로부터 시작되기 때문이다. 어떤 가치보다 생명이 중요하다. 또한 부모와 자녀의 관계는 모든 인간관계의 근간이다. 하나님을 섬기는 훈련인 부모 공경이 선행되어야만 살인, 간음, 도적질, 거짓 증거, 탐욕도 피할 수 있다.

"자기 아버지나 어머니를 치는 자는 반드시 죽일지니라"(출 21:15). "자기의 아버지나 어머니를 저주하는 자는 반드시 죽일지니라"(출 21:17; 레 20:9; 신 21:18-21 참고). 부모에 대한 불경은 하나님에 대한 불경으로 간주해 그 죄의 형벌은 사형이었다. 불효의 죄에 신성 모독죄와 똑같은 형벌을 적용한 것이다. 이는 부모에 대한 패륜을 곧 하나님에 대한 패역으로 보았기 때문이다. 혹 문자대로 시행되진 않았더라도 불효의 죄가 얼마나 큰 것인지를 우리에게 가르쳐 주는 대목이다.

"그의 부모를 경홀히 여기는 자는 저주를 받을 것이라 할 것이요 모든 백성은 아멘 할지니라"(신 27:16). "아비를 구박하고 어미를 쫓아내는 자는 부끄러움을 끼치며 능욕을 부르는 자식이니라"(잠 19:26). "자기의 아비나 어미를 저주하는 자는 그의 등불이 흑암 중에 꺼짐을 당하리라"(잠 20:20). "너를 낳은 아비에게 청종하고 네 늙은 어미를 경히 여기지 말지니라"(잠 23:22). "네 부모를 즐겁게 하며 너를 낳은 어미를 기쁘게 하라"(잠 23:25).

"부모의 물건을 도둑질하고서도 죄가 아니라 하는 자는 멸망받게 하는 자의 동류니라"(잠 28:24). "아비를 저주하며 어미를 축복하지 아니하는 무리가 있느니라 … 아비를 조롱하며 어미 순종하기를 싫어하는 자의 눈은 골짜기의 까마귀에게 쪼이고 독수리 새끼에게 먹히리라"(잠 30:11, 17). "만일 어떤 과부에게 자녀나 손자들이 있거든 그들로 먼저 자기 집에서 효를 행하여 부모에게 보답하기를 배우게 하라 이것이 하나님 앞에 받으실 만한 것이니라"(딤전 5:4).

이처럼 성경은 부모 공경에 대해 여러 가지 실례를 들어 가르치고 있다. 부모 말씀에 순종하고, 존경을 표하고, 물질적으로 공양하고, 마음을 즐겁고 기쁘게 해 드리는 것이다.

예수님은 신앙상의 핑계로 자신의 부모를 제대로 섬기지 않는 사람들을 엄하게 책망하셨다. "너희는 이르되 사람이 아버지에게나 어머니에게나 말하기를 내가 드려 유익하게 할 것이 고르반 곧 하나님께 드림이 되었다고 하기만 하면 그만이라 하고 자기 아버지나 어머니에게 다시 아무것도 하여 드리기를 허락하지 아니하여 너희가 전한 전통으로 하나님의 말씀을 폐하며 또 이 같은 일을 많이 행하느니라 하시고"(막 7:11-13).

"고르반"은 본래 '하나님께 바쳐진 예물'을 의미하는 표현이다. 그런데 당시 바리새인들은 부모에게 드릴 것을 대신 하나님께 드렸다고 하면서 부모에 대한 의무를 다하지 않기 위해 고르반 제도를 악용했다. 예수님은 이런 바리새인들의 거짓된 신앙을 비판하셨다. 부모에게 마땅히 해야 할 도리를 하지 않고 하나님께 드렸다고 해서, 부모에게 드릴 것을 면제받을 수 없다고 하셨다.

신앙은 윤리를 대신하는 것이 아니다. 신앙생활을 한다고 윤리를 무시해선 안 된다. 오히려 성경은 효 윤리를 신앙의 차원으로 끌어올린다. 결과적으로 효 윤리의 수준을 한층 높이고, 효 윤리에 신앙적인 근거를 더해 준다.

▎ "그리하면"의 약속, 내가 보상하리라

제5계명은 어린 자녀들에게 부모를 공경하라는 말씀으로 이해할 수도 있지만, 본래는 장성한 자녀들에게 노년의 부모를 공경하라는 의미였다. 가부장적 사회에서 어린 자녀들의 경우, 이 계명이 아니더라도 부모를 공경할 수밖에 없다. 제5계명은 부모 슬하에 있는 자녀에게 주는 계명이 아니라 장성한 자녀에게, 이제는 늙고 힘이 없어진 그들의 부모를 공경하라고 명령하는 것이다.

이런 면에서 "안식일을 거룩하게 지키라"는 제4계명과 인생의 휴식기를 보내는 "부모를 공경하라"는 제5계명은 긴밀하게 연관된다. "너희 각 사람은 부모를 경외하고 나의 안식일을 지키라 나는 너희의 하나님 여호와이니라"(레 19:3). 제4계명과 제5계명은 공통적으로 물질적인 생산성보다 사람의 존재 자체가 더 중요하다는 것을 일깨워 주기 때문이다. 인생의 휴식기에 들어서 생산 능력도 없고 가치도 없어 보이는 노인들을 멸시하지 말라는 것이다.

노년의 부모라도 젊었을 때와 마찬가지로 존중을 받아야 한다. 사람의 생산 능력이 사람의 가치를 결정하는 것이 아니다. 사람의 존엄성은 하나님이 주신 생명 자체에 있다. 그러므로 경제적 능력과 사회적 지위를 상실했다고 해서 부모를 소홀히 대해서는 안 된다.

　노후 생활을 위한 사회 복지 제도가 없었던 당시 상황에서, 노인들을 위한 가정의 역할은 매우 중요했다. 가정 밖에는 어떤 노후 대책도 마련되어 있지 않았다. 노인들의 생계는 오로지 가족 안에서 자녀들의 봉양에 의존되어 있었다. 부모 공경은 노후를 위한 보험 제도나 노인복지시설 제도가 없었던 고대 사회에서 노인의 생존권을 보장하는 계명이었다.

　'공경하다'라는 말의 의미에는 구체적인 물질 봉양이 포함되어 있다. 따라서 부모 공경은 노년의 부모가 생을 다할 때까지 자녀들이 음식, 의복, 주거, 질병 수발, 장례 등의 적절한 봉양을 감당하라는 것이다. 효의 연결 고리를 통해 세대를 거듭해 인간다운 삶이 이어진다. 레위기 19장은 거룩한 삶에 대한 계명들을 말하고 있는데, 그중 첫 번째 계명이 부모 공경이다.

　또한 이 계명은 가정의 신성에 대한 것이기도 하다. 구약 시대 가족 제도는 조부모, 부모, 자녀들뿐 아니라 종, 나그네, 심지어 가축까지 포함하는 상당히 넓은 범위의 대가족 제도였다. 말하자면, 가족 안에 기초 공동체 개념이 들어 있었다. 제4계명과 제5계명은 공동체의 안위를 위한 기본 계명으로, 이것이 무너지면 사회 공동체의 존립 기반이 위협을 받는다.

　십계명의 처음 다섯 계명은 공동체 형성을 위한 기본적인 것이기에 이를 위반하면 공동체의 존립 자체가 흔들리게 된다. 이어지는 다음의 다섯 계명은 개인에게 해당되는 계명들로, 이 계명들을 위반할 경우 즉각적이고 직접적이며 개별적인 결과가 따라온다.

부모 공경의 계명에는 다른 계명에서는 볼 수 없는 "그리하면"에 따른 보상 규정이 나와 있다. 명령뿐 아니라 보상에 대한 약속이 함께 있다. 노년의 부모로부터 공경의 대가를 직접 받지 못한다 해도, 하나님이 대신 갚아 주겠다는 약속을 주신 것이다. 성경에서 하나님이 대신 갚아 주겠다고 하신 약속은 대부분 약자를 보살핀 경우다. 그러므로 부모 공경의 계명은 노부모와 성인 자녀 간의 관계를 의미하는 것으로, 고령화 사회에 적합한 말씀이 된다. 보상 규정에 나오는 "땅에서 네 생명이 길고"는 삶의 양에 대한 축복이고, "복을 누리리라"는 삶의 질에 대한 축복이다(신 5:16). "네 부모를 공경하라 그리하면 네 하나님 여호와가 네게 준 땅에서 네 생명이 길리라"(출 20:12).

▌성경이 가르치는 효

오늘날 사람들은 효의 강조가 자칫 종속적 계급주의, 폐쇄적인 보수주의, 형식주의와 허례 의식, 비합리성, 피학적인 효행 설화, 과거 지향적인 복고주의, 숭문정신(崇文精神), 가족 중심적 이기주의 등으로 변질되는 것을 우려한다. 이런 부정적인 인식은 효 사상 자체를 시대에 뒤떨어진 것으로 치부하게 만든다.

그러나 효도란 부모와 자녀 사이의 상호적 사랑과 존중을 전제로 하는 가장 기본적인 윤리 원칙이다. 가정과 사회는 시대에 따라 변해 왔지만, 효는 우리 공동체의 기본적인 윤리 개념이 되어야 한다. 그러므로 효의 개념과 효행의 방법은 현대 사회의 흐름을 반영하더라도 효 윤리의 필요성과 당위성은 여전히 강조해야 한다.

효 윤리는 시대정신에 맞게 재해석되어야 한다. 현대 사회에 올바로 적용하기 위해서는 민주성, 합리성, 현실성, 적합성, 개방성, 이타성, 자발성, 평등성, 공정성을 갖춘 효를 이야기해야 한다.

전통적으로 효라고 하면 부모와 자녀 사이의 질서를 정립하고, 부모에 대한 자녀의 의무와 책임만을 강조했다. 오늘날 가정 윤리는 과거의 위계 질서 모델에서 상호 관계 모델로 바뀌어야 한다. 부모와 자식, 남편과 아내의 관계가 일방적인 상하 복종의 관계가 아니라 상호 존중의 관계가 되어야 한다.

성경은 가정 윤리를 일방적이거나 권위적으로가 아닌 상호적 관계로 이야기한다. 신약성경에서 가정 윤리의 대전제는 "그리스도를 경외함으로 피차 복종하라"(엡 5:21)다. 피차 복종, 즉 상호 존중을 의미한다. "자녀들아 주 안에서 너희 부모에게 순종하라 이것이 옳으니라 네 아버지와 어머니를 공경하라 이것은 약속이 있는 첫 계명이니 이로써 네가 잘되고 땅에서 장수하리라 또 아비들아 너희 자녀를 노엽게 하지 말고 오직 주의 교훈과 훈계로 양육하라"(엡 6:1-4). "자녀들아 모든 일에 부모에게 순종하라 이는 주 안에서 기쁘게 하는 것이니라 아비들아 너희 자녀를 노엽게 하지 말지니 낙심할까 함이라"(골 3:20-21).

"자녀들아", "아비들아" 하고 양쪽을 차례로 부르며 이야기하는 이유는 일방적인 요구가 아니라 상호 관계 안에서 각자의 도리를 말하고 있기 때문이다. 자녀의 의무로서 효와 효의 한계점("주 안에서"), 그리고 부모의 책임도 말하고 있다. 여기에서 순종은 실천적 행동이고, 공경은 마음의 태도다. 부모에게 순종하고 부모를 공경하는 것은 첫째, 옳은 일이고, 둘째, 하나님의 명령이고, 셋째, 보상이 있다.

이처럼 성경의 효 윤리는 가부장적이고 권위적인 일방통행식이 아니라 수평적이면서 민주적인 쌍방통행식(interactive)이다. 부모로부터 자녀에게 이르는 선행적이고 희생적인 사랑이 있고, 자녀로부터 부모를 향한 은혜에 대한 감사가 있다. 부모 공경과 자녀 사랑은 함께 이루어진다. 효는 우주적 삶의 원리를 담고 있는 하나님의 창조 질서다. 성경적인 효는 부모와 자녀 사이의 생명의 원리, 빛과 질서의 원리, 그리고 돌봄의 원리라고 말할 수 있다.

예수님은 "누가 참 이웃인가?"라는 질문에 대해 선한 사마리아인의 비유(눅 10:29-37)로 답변하셨다. 강도를 만나 위기에 처한 사람의 참 이웃은 동족도 아니었고, 같은 신앙을 가진 이도 아니었다. 참 이웃은 역사적으로 유대인과 대적 관계에 있던 사마리아인이었다.

　이 비유는 종교, 인종, 지역, 문화와 상관없이 누구든 어려움을 당한 자의 이웃이 되어야 함을 보여 줌으로써 이웃의 개념을 확장시킨다. 예수님은 이처럼 "참 이웃이 누구냐"는 질문에 대해 "어려움을 당한 자에게 가서 네가 이웃이 되어 주라"는 적극적인 요구로 대답하셨다.

　"내가 효도를 해야 할 부모가 누구냐?"라는 질문에도 같은 접근이 가능하다. 예수님은 혈연 관계를 뛰어넘는 확대된 가족관을 피력하셨다. 이런 예수님의 견해는 당시로서는 기존의 틀을 깨는 것이었다. "당신의 어머니와 동생들과 누이들이 밖에서 찾나이다"(막 3:32)라는 말에 예수님은 "누가 내 어머니이며 동생들이냐" 하시고 주위를 둘러보시며 "내 어머니와 내 동생들을 보라 누구든지 하나님의 뜻대로 행하는 자가 내 형제요 자매요 어머니이니라"(막 3:33-35)고 하셨다. 이는 예수님이 기존의 혈연적 가족 관계를 부인하신 것이 아니라 더 확장된 새로운 가족 개념을 제시하신 것으로 보아야 한다.

　예수님이 십자가에 못 박히시던 순간, 어머니 마리아를 요한에게 부탁하신 장면도 마찬가지다. "예수께서 자기의 어머니와 사랑하시는 제자가 곁에 서 있는 것을 보시고 자기 어머니께 말씀하시되 여자여 보소서 아들이니이다 하시고 또 그 제자에게 이르시되 보라 네 어머니라 하신대 그때부터 그 제자가 [마리아를] 자기 집에 모시니라"(요 19:26-27).

　이렇게 성경은 혈연적인 가족 관계를 뛰어넘어 사회 공동체를 포함하는 새로운 가족 모델을 제시한다. 앞에서 언급한 대로 구약의 가족 개념도 나그네와 종, 그리고 가축까지도 포함하는 것으로, 공동체와 이웃들에게까지 확대 적용된다. 그러므로 혈연적인 부모 공경의 계명을 어른 공경 사상으로 확장시켜야 한다. 즉 내 부모를 돌보는 것처럼 다른 노인들도 돌봐야 한다. 이것이 성경이 가르치는 효다. "늙은이를 꾸짖지 말고 권하되 아버지에게 하듯 하며 젊은이에게는 형제에게 하듯 하고 늙은 여자에게는 어머니에게 하듯 하며 젊은 여자에게는 온전히 깨끗함으로 자매에게 하듯 하라"(딤전 5:1-2). "너는 센[백발] 머리 앞에서 일어서고 노인의 얼굴을 공경하며"(레 19:32).

그러므로 진정한 효는 가정으로부터 시작하여 이웃, 사회, 국가, 그리고 세계로 확장되어야 한다. 고령화 사회로 접어든 우리에게 요구되는 효는 가정의 울타리를 넘어서는 것이다. 효는 자신의 부모를 모시는 것으로부터 시작하여 노년기를 보내는 이웃 어른들을 모시는 것으로 확대되어야 한다.

이를 위해 기독교의 궁극적인 가치인 섬김과 돌봄과 나눔이 생활화되어야 한다. 오늘날 고령화 사회에서는 정의가 내포되어 있는 효, 구조적이고 제도적인 사회적 차원의 효가 필요하다. 사회 구성원 모두가 노인들을 자신의 부모처럼 여기고 모시는 것이다.

고령화 사회에서 노인 봉양을 가족 차원의 효에 전적으로 의존하게 하는 한국 사회는 많은 어려움에 봉착한다. 노인 부모를 돌보는 문제로 개인이나 가정이 파탄에 이르고, 형편에 맞지 않는 과도한 요구로 자녀의 희생을 강요하거나 죄책감에 시달리게 해서는 안 된다. 아름답고 숭고한 효의 윤리가 짐과 멍에가 되어서는 안 된다. 고령화 사회에서는 개인적 효도 필요하지만 그 한계도 분명히 인식할 필요가 있다.

효라는 이름으로, 치매 노인이나 만성 투병 환자를 돌보는 책임을 개인이나 가정에 돌릴 수는 없다. 감당할 능력이 없는 자녀를 불효자로 만들지 않기 위해서라도, 자녀를 두고 있지 않은 노인들을 돌보기 위해서라도 사회적 지원망을 구축해야 한다. 가족과 더불어 지역 사회와 국가가 연대하여 상호 보완적인 프로그램을 마련해야 한다.

물론 노인 복지를 위한 사회 보장 제도를 아무리 잘 갖추어도 가족만큼 사랑과 존경, 희생과 책임을 가지고 노인들을 부양하지는 못할 것이다. 사회가 물질적인 부양은 할 수 있을지 몰라도 정서적인 부양은 미흡할 수 있다. 그러므로 가족이 제공하는 개인적이고 정서적인 비공식적인 봉양과 더불어 국가 사회가 제공하는 제도적이고 물질적인 공식적인 부양이 병행되어야 한다. 룻기에 나오는 나오미와 며느리 룻의 관계, 추수기의 이삭 남기기와 결혼 제도 등은 혈연 관계를 넘어서는 사회적 효와 당시 이스라엘의 사회 보장 제도를 보여 주는 좋은 예다.

고령화의 가속화로 인한 노인 복지 문제가 심각한 사안으로 떠오르는 오늘날, 성경이 제시하는 효의 개념을 재조명할 필요가 있다. 부모 공경은 구시대의 유물이 아니다. 더 나아가 가족주의적 효와 더불어 노인 인구의 부양이라는 사회적 효를 생각해야 할 때가 되었다. 오늘날 효의 실천은 결국 노인들에게 삶의 의미를 심어 주고 노후 생활을 보람 있게 할 수 있도록 가정과 사회가 물질적, 정신적 보살핌을 제공하는 것이다. 제5계명은 하나님을 섬기는 마음으로 부모를 공경하라는 것이다.

1. 부모 공경에 대한 하나님의 약속은 무엇인가요? (신 5:16)

2. 히브리어 '카베드'(kabed)의 뜻은 무엇인가요?

3. 예수님은 무엇을 책망하셨나요? (막 7:11-13)

4. 효의 한계점과 부모의 책임은 무엇인가요? (엡 6:1-4)

5. 부모 공경이 어른 공경으로 확대되는 것에 대해 성경은 어떻게 말하고 있나요? (막 3:33-35; 딤전 5:1-2)

6. 부모님 혹은 조부모님에게 하루 한 번 문안하는 전화를 드리세요.

6

천하보다 귀한 것

만연한 죽음 사이에서
생명을 지키라

"살인하지 말라"(출 20:13).

너희는 살인하는 자니

십계명 중 처음 다섯 가지 계명은 공동체 존속의 기초가 되는 근본적인 것으로, 이 계명들이 지켜지지 않으면 공동체의 존립 기반이 흔들리게 된다. 그리고 이어지는 다섯 가지 계명들은 보다 개인적인 사안에 관련된 계명들로, 이를 위반하면 직접적이며 개별적인 즉각적 징벌이 따라온다.[1]

십계명의 금지 규정은 공동체를 지키는 윤리의 울타리 개념으로 보아야 한다. 울타리는 그 안에 있는 사람들이 자유롭고 안전하고 평화롭게 살 수 있도록 보호해 준다. 만일 울타리를 벗어나는 사람이 있다면, 그는 불안하고 위험한 상황에 놓이게 되고, 그의 안전은 보장받지 못하게 된다. 그리고 그 많은 여유로운 공간을 두고 울타리 가까이에 머물러 살 필요는 없다. 사실상 선량한 시민이라면 구체적인 법을 잘 몰라도 자유롭게 법의 테두리 안에서 살며, 오히려 법이 그를 지켜 주는 울타리 역할을 하는 것과 같다.

살인, 간음, 절도와 같은 죄는 건전한 시민이라면 모두 다 금하는 것으로, 하나님의 계명이 그런 기본적인 수준에 머물러서는 안 된다. 이런 죄들은 자유인으로 부름 받은 인간의 행동반경의 마지막 경계선으로 보아야 한다. 절대로 넘어서면 안 되는 마지노선이다.

제6계명부터는 "하지 말라"는 금지 명령이 나온다. 또한 그 말씀이 매우 짧다. 토론이나 재론의 여지가 없는 정언 명령이기 때문이다. "말라"라는 부정적인 표현이라는 울타리 안에는 폭넓은 자유와 여유라는 긍정적인 의미가 담겨 있다.

제6계명은 다음과 같다. "살인하지 말라"(출 20:13). 이 계명만은 잘 지키고 있다고 자신하며 스스로 안심하는 사람들이 많을 것이다. 우선 맞는 말이다. 우리 가운데 살인 전과자는 없기 때문이다. 만일 그런 정도의 요구라면 세상 법의 수준을 넘어가지 못한다. 그런데 예수님은 형제에게 분노하는 것이 살인의 시작이라고 말씀하셨다. 살인이라는 행위 이전에 마음의 동기를 살피시는 것이다.

"옛 사람에게 말한 바 살인하지 말라 누구든지 살인하면 심판을 받게 되리라 하였다는 것을 너희가 들었으나 나는 너희에게 이르노니 형제에게 노하는 자마다 심판을 받게 되고 형제를 대하여 라가라 하는 자는 공회에 잡혀가게 되고 미련한 놈이라 하는 자는 지옥 불에 들어가게 되리라"(마 5:21-22). 율법의 수여자이신 예수님은 하나님의 권위로 계명을 새롭게 풀어 주셨다. "너희가 들었으나 나는 너희에게 이르노니." 그러고는 살인이 어떻게 시작되는지를 말씀하신다. 처음엔 마음의 미움과 분노로 시작하여 욕설, 원망, 폭력, 그리고 종국에는 살인으로 이어진다.

실제 살인을 행위로 옮기지 않더라도 인간은 마음에 품은 칼로 살인을 저지른다. 분노하는 마음이 '라가'(바보), '미련한 놈' 같은 욕설로 표현된다. 이러한 언어폭력은 쉽게 물리적 폭력으로 발전하고, 결국 실제 폭력으로 살인에 이르게 된다. 그러므로 형제를 미워하는 이는 이미 살인자의 길로 들어선 것이다. 살인의 죄를 피하려면 미움과 분노의 감정에서 서둘러 벗어나야 한다. "그 형제를 미워하는 자마다 살인하는 자니 살인하는 자마다 영생이 그 속에 거하지 아니하는 것을 너희가 아는 바라"(요일 3:15).

창세기 4장에는 인류 최초의 살인 사건이 기록되어 있다. 가장 가까워야 할 형제 간에, 하나님께 드리는 거룩한 제사를 두고 불행한 사건이 발생했다. 자신이 드린 제사가 하나님께 상달되지 않은 것에 대한 가인의 서운함은 동생 아벨에 대한 미움과 시기로, 그리고 분노의 감정으로 발전하여, 결국은 동생을 살인하기에 이른다. "땅이 그 입을 벌려 네 손에서부터 네 아우의 피를 받았은즉 네가 땅에서 저주를 받으리니"(창 4:11).

가인은 최초의 살인자, 아벨은 최초의 순교자다. 그런데 아이러니하게도 우리의 본성을 생각하면 우리는 자손을 퍼트리지 못하고 먼저 죽은 아벨보다는 가인의 후손일 가능성이 더 많다. 아벨 이후에 이 땅에는 억울하게 죽임을 당한 자들의 피가 흐르고 있다. 북이스라엘 아합왕은 탐욕을 이기지 못해 나봇을 죽이고 포도원을 빼앗았다. 그때 선지자 엘리야는 하나님의 심판을 선포한다. "너는 그에게 말하여 이르기를 여호와의 말씀이 네가 죽이고 또 빼앗았느냐고 하셨다 하고 또 그에게 이르기를 여호와의 말씀이 개들이 나봇의 피를 핥은 곳에서 개들이 네 피 곧 네 몸의 피도 핥으리라 하였다 하라"(왕상 21:19).

생명 보전은 하나님의 뜻

제6계명은 부정적인 금지 명령으로 표현되어 있지만 생명의 신성을 일깨우는 긍정적인 교훈도 담고 있다. 생명은 신성한 것이다. 하나님은 생명의 창조자이시며 계속하여 생명을 공급해 주시는 분이므로 모든 생명은 하나님께 속해 있다. 따라서 생명을 보호하고 존엄하게 여기는 것은 하나님의 뜻이고, 생명(live)을 거스르는 것은 악(evil)이 된다.

생명을 절대화하거나 우상화해서도 안 되지만, 인간의 생명을 해치는 것은 그 자체로 하나님께 대항하는 것이다. 모든 생명은 하나님께 속해 있으므로 다른 사람의 생명을 빼앗는 것은 하나님으로부터 생명을 도적질하는 것이다. 또한 사람을 죽이는 것은 하나님의 형상을 해치는 것이 되므로 하나님의 심판을 받는다. "다른 사람의 피를 흘리면 그 사람의 피도 흘릴 것이니 이는 하나님이 자기 형상대로 사람을 지으셨음이니라"(창 9:6).

생명은 하나님이 주신 가장 고귀한 선물이다. 모든 피조물 가운데 유일하게 인간은 하나님의 형상을 지니고 있다. 모든 생명이 귀하지만, 특별히 인간의 생명은 다른 것들과 차별성이 있다. 하나님의 형상을 가진 인간의 생명을 빼앗는 것은 하나님의 형상을 파괴하는 행위다.

▌어떠한 명분보다 생명이 중요한 사회

예수님은 이 땅에 오신 목적을 다음과 같이 말씀하셨다. "도둑이 오는 것은 도둑질하고 죽이고 멸망시키려는 것뿐이요 내가 온 것은 양으로 생명을 얻게 하고 더 풍성히 얻게 하려는 것이라"(요 10:10). 이처럼 예수님은 우리에게 풍성한 생명을 주기 위해 오셨다.

선한 사마리아 사람의 비유를 생각해 보자. 물론 여기에서 선량한 행인을 죽도록 때리고 재물을 강탈한 강도가 제일 나쁘다. 하지만 곤경에 처한 이웃을 보고 그냥 지나친 제사장과 레위인도 살인을 방조한 사람들이다. 독일, 스위스, 프랑스에는 '선한 사마리아인 법'이 있다. 이 법은 위험에 처한 사람을 보고도 구조하지 않을 경우에 처벌하는 법으로, 도덕적 책임을 법적으로 강제하는 개념이다.

우리에게도 응급 상황, 곤경에 처한 사람에 대한 관심과 사랑이 우선적으로 필요하다. 어떤 종교적 행위나 명분도 생명을 살리는 것보다 중요하지 않다. 곤경에 처한 사람에게 긍휼과 자비를 베푼 사마리아 사람이 진정한 이웃이고 우리가 본받아야 할 사람이다.

우리 사회는 사회 생명력이 약화되고, 사회 안전망이 허술하며, 생명 경시 풍조가 만연되어 있다. 당연한 얘기지만, 이런 사회에서는 대형 사건과 사고가 끊이지 않는다. 세월호 사건이나 핼러윈 참사 희생자들의 죽음을 헛되이 하지 않고, 유사한 사건의 재발을 방지하기 위해서는 우리 사회의 생명력을 강화해야 한다. 이 땅에 생명 운동이 일어나야 하는 이유가 여기에 있다. 서로에 대한 돌봄과 관심이 있어야 하고, 생명을 최우선하는 가치관과 문화가 확립되어야 한다.

알베르트 슈바이처(Albert Schweitzer)의 생명 존중 사상을 기억해야 한다. 생명 있는 모든 존재를 경외하는 마음으로 대해야 한다. 예수님이 말씀하신 이웃 사랑을 모든 생명에게로 확장시켜야 한다. 온 생태계는 생명의 사슬로 연결되어 있다. 전 지구적으로 '온 생명'이 이어져 있다. 인간에게는 자연 생태계를 보존하고 돌보아야 할 책임이 있다. 자녀들이 어려서부터 자연을 가까이하고 생태 친화적인 성품을 형성하도록 도와야 한다.

생명의 주권은 내게 없다

"진실로 생명의 원천이 주께 있사오니 주의 빛 안에서 우리가 빛을 보리이다"(시 36:9). 모든 생명은 주님께 속한 것이다. 인간에게 살 권리는 있어도, 죽을 권리, 죽일 권리는 없다. 생명은 우리의 것이 아니다. 생명에 대한 권리가 우리에게 있다고 생각하기 때문에 낙태, 자살, 안락사, 사형, 심지어 살인까지 저지른다. 살인은 하나님의 권한을 침해하는 것이다. 오직 하나님만이 생명을 거두실 수 있다.

그래서 구약에서는 살인의 죄를 공동체가 하나님 입장에서 대신 심판할 수 있도록 했다. 의도적인 살인의 경우, 올바른 판결을 위해 장로들과 복수 증인들의 증언을 듣고 사실 여부를 밝히는 등 사형 판결에 신중을 기했고, 완전한 판결이 나올 때까지 살인 용의자의 생명을 보호하기 위해 도피성이란 제도적 장치까지 마련했다(민 35장). 사형은 사적 보복이 아니라 공동체에 속해 있었다. 구약은 원칙적으로 정당 전쟁이나 사형 제도를 반대하지 않았다. 그러나 이것들도 당시 문화 안에서 생명을 보존하기 위한 방편이었다.

생명은 생명 외에 그 어떤 것으로도 대신할 수 없다는 것이 성경의 가르침이다. 고대 근동의 법은 재산에 대한 범죄에 사형을 명하는 경우도 있지만, 구약의 법은 재산권 침해는 사형에 해당하지 않는다. 이런 구약의 생명 존중 사상은 오늘날 "생명은 어떤 것으로도 대신할 수 없다"는 사상과 같다.[2]

하나님을 대신해서 생명을 심판할 수 있는 어떠한 나라나 기관도 존재할 수 없는 현실 상황에서 정당 전쟁이나 사형 제도는 재고되어야 한다. 생명의 존귀함을 지키기 위한 평화 운동이나 사형 제도 폐지 운동은 제6계명의 적극적인 실천 운동이라고 볼 수 있다. 생명은 일회적이고 대체 불가하기 때문이다.

"사람이 만일 온 천하를 얻고도 제 목숨을 잃으면 무엇이 유익하리요 사람이 무엇을 주고 제 목숨과 바꾸겠느냐"(마 16:26). 온 천하보다 한 생명이 더 귀하다. 우리의 생명이 천하보다 귀하다는 것은 온 세상을 다 주어도 우리의 생명과 바꿀 수 없다는 의미다. 생명은 결코 다른 무엇을 위한 수단이 될 수 없다. 생명 자체가 목적이다.

▎생명을 지키는 일

오늘날 경제적 이익이나 정치적 유익을 위해 생명을 경시하는 모습을 보게 된다. 회사의 이익을 위해 근로 환경을 개선하지 않고, 위험한 현장에서 일하게 방조하거나, 건물에 들어가는 비용을 줄이기 위해 규정에 미달한 소재를 사용하고, 재료비 절감을 목적으로 건강을 해치는 식품을 제조하여 판매하는 행위 등은 인간의 생명을 위협하는 일이다. 사회적 비용을 지불하더라도 생명의 안전을 지키는 일을 소홀히 해서는 안 된다.

살인 금지는 타인의 죽음을 야기하는 직접적인 행위뿐 아니라 간접적인 모든 행동을 금하는 것도 포함한다. 따라서 육체적 죽음뿐 아니라 정신적, 영혼의 죽음도 생각해야 한다. 육체에서 영혼이 분리된 영적 소외 상태가 죽음이다. 죽음에는 육체적 죽음, 사회적 죽음, 영적인 죽음이 있다. 육체를 손상시키는 행위뿐 아니라 명예나 인격을 모독하는 행위, 영혼을 실족하게 하는 모든 행위를 금지해야 한다.

따라서 이 계명은 살인, 자살, 사형, 테러, 고문, 전쟁, 핵무기, 핵폐기물, 산업 재해, 화학 무기, 낙태, 인간 복제, 실험관 아기 잉여 수정란, 배아 줄기세포 연구, 안락사, 기아 상태, 산업 쓰레기, 환경 오염 물질, 생태 위기, 생물 멸종 같은 문제들과 밀접하게 연결된다. 이뿐 아니라 현대 사회의 큰 문제로 부상한 탄소 배출, 각종 학대, 온라인 악성 댓글, 각종 폭력 등도

이 명령을 따라 깊이 살펴보아야 한다.

언제부터 생명이 시작될까? 모태에서 수정되는 순간부터다. 수정된 배아도 생명이다. 인간의 인위적인 판단으로 생명의 과정을 단절시키는 것은 살인이다. 스스로 자신을 보호하거나 아무런 저항을 할 수 없는 태아는 우리 사회의 가장 약자라고 할 수 있다. 태아는 보호되고 돌봄을 받아야 할 귀한 생명이다.

한국은 낙태죄가 명확히 존재하는 나라다. 그러나 현실은 하루 3천 명 이상, 매년 110만 명의 태아(2017년 대한산부인과의사회 발표)가 살해되고 있다. 매년 태어나는 신생아의 4배의 태아(2022년 출생아 25만 명)가 생명의 빛을 보지 못한 채 사망에 이른다.

부끄럽지만, 한국은 OECD 회원국 중 압도적인 낙태율 1위 국가다. 사랑받아야 할 부모에 의해서, 가장 안전해야 하는 어머니의 자궁에서, 자기를 보호할 어떤 힘도 없는 가장 작은 생명을 찢어 끄집어내는 것은 문명 세계에서 있어서는 안 되는 일이다. 이런 작은 자들의 생명을 지키는 일에 교회와 성도들이 발 벗고 나서야 한다.

인간의 생명은 수정되는 순간, 즉 태아에서부터 시작된다. 태아는 여성 몸의 일부나 세포가 아닌 독립적인 한 인간의 생명이다. 수정된 순간부터 출생까지 태아는 점진적인 변화의 과정을 밟는다. 수정란이 배아가 되고, 배아가 태아가 되고, 태아가 신생아가 된다. 출산 후에는 누워 있다가 기어다니는 영아가 되고, 나중에는 일어나 아장아장 걷는 유아가 되고, 청소년이 되고, 청장년이 되고, 마지막에 노년이 되는 것이 생명의 과정이다. 이는 모든 사람이 겪는 생명의 과정이다. 여기에는 어떤 비약도, 단절도 없다. 어디까지는 아직 인간이 아니고, 어디서부터는 인간이라고 임의로 규정할 수 없다.

생물학적으로 수정된 배아는 46개의 염색체로 구성된 독립된 유전자(DNA) 배열과 구조를 가지고 있는 독특한 생명체다. 생명과학과 성경 말씀은 인간의 삶을 수태된 순간부터로 본다는 점에서 일치한다. 그러므로 영아의 생명도 성인의 생명과 동등하게 보호받아야 한다. 태아도 성인처럼 법으로 보호받아야 한다.

그리스도인들은 산부인과를 찾을 때 생명을 존엄하게 여기는 의사를 찾아가야 한다. 낙태 수술을 하는 병원, 생명을 경시하는 의사에게 가서는 안 된다. 수정란을 실험용으로 쓰거나 폐기하는 것은 생명을 빼앗는 행위다. 그래서 배아 줄기세포 연구를 반대한다. 과학이나 의료에 있어 기술적으로 '할 수 있지만 하지 않는 연구'도 있어야 한다. 생명은 도구가 아니다.

또한 어떤 종류의 안락사도 반대한다. 적극적 안락사든 소극적 안락사든 의사 조력 안락사를 반대한다. 생명은 하나님으로부터 부여된 신성한 것이기에 어떤 상황에서도 존중되어야 한다. 치료나 회생 가능성이 희박하다 해도 최대한 존중받아야 한다. 생명에 대한 자기 결정권은 절대적인 것이 아니다. 생명을 유지하는 것에는 자기 결정권이 존중될 수 있으나, 생명을 포기하는 것은 다른 문제다.

　‘살릴 의무’와 ‘죽일 의무’가 다르듯이 ‘살 권리’와 ‘죽을 권리’는 다르다. 권리는 다른 편에서 보면 의무와 관련되어 있다. 말하자면 ‘살 권리’가 있다는 것은 ‘살릴 의무’가 있다는 것이다. 만약 우리가 ‘죽을 권리’를 허용한다면 ‘죽일 의무’(또는 ‘죽을 의무’)를 인정하는 격이 된다. 그러므로 생명의 자기 결정권은 매우 제한적으로, 그리고 매우 신중하게 허용되어야 한다.

　의사는 생명을 살리는 일을 하는 사람이지, 생명을 죽이는 일에 종사하는 사람이 아니다. 살릴 의무는 있어도 죽일 의무는 없다. 의사는 죽일 의무를 거부해야 한다. 생명은 하나님이 주신 신성한 것으로서 어떤 경우에도 존중되어야 한다. 하나님에 의해 주어진 생명의 가치는 실용적인 효용성이나 삶의 질에 따라 평가되어서는 안 된다. 삶의 질을 이야기하는 것은 존재할 가치가 없는 생명이 있는 것처럼 말하는 것이다.

　존엄하게 죽을 권리에 대해서 말하자면, 호스피스나 말기 환자 진료 방식을 통해 좋은 죽음을 맞이하게 할 수는 있다. 그러나 안락사는 치료 중단과는 다르다. 안락사는 의사가 죽음을 가져오지만 치료 중단은 치료의 한계, 즉 인간의 한계를 인정하는 것이다. 치료 중단은 명백하게 치료 불가능한 말기 질환에만 허락되어야 한다. ‘말기 환자’, ‘말기 상태’에 대한 의학적인 정의가 필요하고, 이에 대해 객관적인 판단을 할 수 있는 의료 전문 기관이 필요하다. 인공호흡기 제거나 말기 환자의 무의미한 치료 중지를 위해서는 환자 본인의 분명한 의사 표시가 있어야 한다.

기독교 신앙의 영혼 구원에 대한 관심은 죽음의 문제를 포함한다. 안락사 논쟁에서 반드시 고려해야 할 중요한 요소는 바로 영혼의 문제다. 안락사는 인간 생명의 도구적 가치만 주장할 뿐, 내재적, 본질적, 초월적 가치를 생각하지 않는다. 기독교는 하나님의 생명 주권과 고통의 의미에 대해 세상과는 다른 가르침을 준다. 죽음과 고통도 삶의 과정이며 일부다. 그리고 반드시 죽음 후의 영혼에 대한 고려가 있어야 한다.

▍살 가치 없는 생명은 없다

2023년 통계청 자료를 보면, 한국인 사망 원인이 1위 암, 2위 심장 질환, 3위 폐렴, 4위 뇌혈관 질환, 5위 자살, 6위 알츠하이머다. 그러나 고의적 자해(자살)가 10대에서 30대까지는 1위로, 40-50대에는 암에 이은 2위로 나온다. 대한민국 자살률은 OECD 국가 중 1위인데, 10만 명당 27.3명(2023년)이다. OECD 평균은 11.1명으로 우리나라의 절반에도 못 미치는 수준이다.

자살 문제는 인류 역사에서 참으로 오래된 것이다. 성경에 기록된 자살 기사는 삼손(삿 16:30), 사울(삼상 31:4, 안락사로 볼 수도 있다), 아히도벨(삼하 17:23), 시므리(왕상 16:18), 가룟 유다(마 27:5) 등이다.

프랑스 사회학자 에밀 뒤르켐(Emile Durkheim)은 자살을 이기적 자살, 이타적 자살, 숙명적 자살, 아노미적 자살로 분류한다. 그는 자살을 "희생자가 자신의 적극적인 혹은 소극적인 행위의 결과가 직간접으로 가져올 죽음의 결과를 미리 예견하고 행하는 행동"이라고 정의했다. 자살에는 사회 환경과 정신 심리가 복합적으로 영향을 미친다. 모든 자살의 책임을 사회에 물을 수는 없겠지만, 우리 사회가 많은 사람들을 죽음으로 몰아간다는 인상을 지울 수는 없다.

경쟁을 부추기는 사회는 경쟁에서 낙오된 사람에게 실패자라는 낙인을 찍어 도태시킨다. "생존 경쟁에서 살아남는 자만이 살게 하라"는 신자유주의 시장 논리와 구호는 사회를 약육강식의 격전장으로 만들었다. 여기에 더해 정리 해고, 구조 조정 등 대량 실업 사태가 발생하면서 '모두가 죽지 않기 위해 일부를 희생시킨다'는 논리로 약자들의 일탈(deviance)이 가속화되었다.

부조리한 사회 구조는 사람들로 하여금 자신의 결백을 정의에 호소하기보다는 자살로 증명하도록 만든다. 무자비한 사회는 피해를 입은 사람을 옹호하기보다는 비난함으로써 스스로 자책하게 한다. 이러한 경쟁주의, 물질주의, 쾌락주의의 죽음의 문화가 사람들을 자살로 내몰고 있다.

경제적인 풍요는 삶의 신성보다 삶의 질에 더 관심을 기울이게 하면서 '살 가치가 없는 인생'도 존재한다는 것을 은연중에 주입시킨다. '이렇게 살 바에야…'라는 생각을 불러일으키고 극단적인 행동을 방조한다. 인권에 대한 왜곡된 이해는 자살을 '죽을 권리'라 미화하며 인간의 권리 행사로 보게 한다.

그러나 생명은 하나님이 주신 선물이다. 우리는 생명의 주인이 아니라 생명을 맡은 청지기임을 기억해야 한다. 자살은 인간의 권리가 아니라 하나님의 것을 찬탈하는 죄다. 그리고 삶의 존엄성은 교육 정도, 성취한 업적, 건강한 신체 등 외부적인 조건에 의해 획득되는 것이 아닌, 하나님이 모든 인간에게 동일하게 부여하신 하나님의 형상에 있다. 하나님의 섭리라는 관점에서 보면 '살 가치가 없는 생명'이란 이 땅에 존재하지 않는다.

목회적인 관점에서 자살하는 사람의 입장을 헤아려 볼 필요가 있다. 가정이 깨어졌거나, 미래에 대한 강한 불안을 느끼는 경우, 혹은 사회적, 경제적 억압 상태에 놓인 사람들은 자살을 일종의 최후의 의사소통 수단으로 선택한다. 그런 의미로 본다면, 자살은 도움과 관심을 구하는 울부짖음이요, 자신이 겪고 있는 고통을 표현하는 몸부림이다. 자살 시도라는 극단적인 방법이 아니더라도 그들의 소리를 들어 줄 수 있는 사회 기관이나 이웃이 있었다면, 그들의 자살을 미연에 방지할 수 있었을 것이다.

문제는 오늘날 사회의 어떤 기관도, 심지어 교회조차도 그들에게 관심을 기울이지 않는다는 데 있다. 교회나 목회자는 사회에서 낙오되거나 소외된 사람들을 찾아가 그들을 위로하고 포용해야 한다.

그리고 부모들은 자녀들을 교육할 때, 시련이나 고통이나 어려움도 인생의 일부라는 사실을 잘 가르쳐 주어야 한다. 실패와 고통을 잘 다루고 처리하면 인생이 더욱 아름다워질 수 있음을 알려 주어야 한다. 성공 위주의 왜곡된 가치관으로 아이들을 불안과 절망으로 내몰아서는 안 된다. 부모가 먼저 생명 존중의 가치관을 정립하여, 자녀들에게 어떤 경우에도 돌아올 수 있는 자리가 있다는 것을 알려 줌으로써 자녀들의 자살을 예방할 수 있다.

〈2023 자살실태조사_ 자살에 대한 국민인식조사〉(2023년)에 따르면, 만 19세 이상 성인 남녀 중 "죽고 싶다는 생각을 해 본 적이 있다"에 "그렇다"라고 응답한 비율이 14.7%이며 연령대로는 20대(5.1%)와 30대(5.6%)의 응답 비율이 제일 높았다. 또한 청소년의 경우 최근 12개월 동안 자살을 생각한 경험률이 14.3%로 2021년에 비해 1.6% 증가했으며 자살을 계획한 경험률은 4.5%로 2021년에 비해 0.5% 증가했다.

청년들의 대화 상대가 되어 주고, 서로 격려하는 문화를 만들어야 한다. 나이가 많을수록 자살률이 높고, 남자가 여자보다 자살률이 높다. 물론 자살 시도는 여자가 더 많다. 매일 쏟아져 나오는 뉴스에는 묻지 마 살인, 사이코패스 연쇄 살인, 청부 살인, 차 앞지르기 다툼으로 벌어진 살인 등이 보도된다.

청소년들은 소름 끼치는 살인 게임, "오징어 게임"처럼 폭력이 난무한 영화, 폭력적인 인터넷 문화, 총기 장난감 등에 노출되어 있다. 폭력을 미화하고, 오락화하고, 상업화하고, 묵인하는 잔인한 문화, 자살을 미화하고, 권하고, 모방하는 사회는 낙오되고 소외된 이들을 자살로 내몬다.

"살인하지 말라"는 하나님의 명령은 우리의 생명이 얼마나 귀한 것인가를 알려 준다. 제6계명의 적극적인 의미는 "이웃을 사랑하라"다. 모든 생명을 가진 존재를 존중하며 보호하라. 이런 의미에서 기독교 윤리와 복음은 죽음의 문화에 대한 예방과 치유다. 생명 운동은 생명의 희생을 예방하는 것이다.

인생 기준 세우기

① 생명은 누구에게 속한 것인가요?

② 생명을 거스르는 것은 무엇인가요?

③ 온 세상보다 더 귀한 것은 무엇인가요? (마 16:26)

④ 이 땅에서 죽음의 문화를 거부하기 위해 해야 할 일을 찾아보세요.

⑤ 사회 생명력을 강화하기 위한 생명 운동으로 우선 음식물 쓰레기와
탄소 배출 줄이기, 선한 댓글 달기를 실천해 보세요.

7

성(性) 사용 설명서

육체만이 아닌
영·혼·육 모두를 사랑하라

"간음하지 말라"(출 20:14).

▌선물로 주신 성(性)과 모조품

성(性)에 대한 문제는 개인의 생활 영역에 관련되어 있어서 교회에서 공개적으로 일반화시켜 이야기하기가 쉽지 않다. 그러나 사실 성의 문제는 가정과 사회 그리고 신앙생활에 미치는 영향이 크기 때문에 공적인 문제로 다룰 필요성이 있다. 성경에는 의외로 성에 대한 말씀이 많다. 특별히 솔로몬의 아가서를 보면 연인과 부부의 사랑과 성이 잘 묘사되어 있다.

제7계명은 다음과 같다. "간음하지 말라"(출 20:14). 또한 율법은 이 계명과 관련해 다음과 같이 말한다. "누구든지 남의 아내와 간음하는 자 곧 그의 이웃의 아내와 간음하는 자는 그 간부와 음부를 반드시 죽일지니라"(레 20:10).

인간의 성 역시 창조주 하나님이 창조하신 것으로, 그 안에 하나님의 아이디어가 담겨 있다. 하나님의 피조물인 우리는 하나님이 선물로 주신 것들을 즐거워해야 하며 하나님이 지으신 목적에 맞게 잘 사용해야 한다. 성은 하나님이 인간에게 주신 귀한 선물이다. 우리에게 주셨다고 해서 우리 마음대로, 함부로 사용해서는 안 된다. 창조의 질서를 따라 잘 사용해야 비로소 그 선물이 우리에게 복이 된다. 하나님이 아름답게 창조하신 것을 오용해서는 안 된다. 인간의 성도 하나님의 영광을 위한 성이 되어야 한다. 결혼을 위한 성이어야 하고, 생명의 가치를 창출하는 성이어야 하고, 건강한 성이어야 한다.

에덴동산에서 진행된 인류 최초의 야외 결혼식에서, 하나님은 다음과 같이 간단하게 주례사를 하셨다. "이러므로 남자가 부모를 떠나 그의 아내와 합하여 둘이 한 몸을 이룰지로다"(창 2:24).

성경에 기초한 결혼에서는 떠남(혼례), 연합(사랑), 한 몸(성), 이 세 가지의 삼각 균형이 중요하다. 이 중 성에 관련된 표현은 '한 몸을 이룬다'이다. 성은 결혼 관계 안에서, 부부 사이에서만 나눌 수 있는 배타적인 것이다. 성경이 가르쳐 주는 성관계는 단순히 육체적인 행위만이 아니라 그 이상을 의미한다.

부부간의 성관계에는 정신적이며 영적인 친밀한 관계가 포함되어 있다. "너는 네 우물에서 물을 마시며 네 샘에서 흐르는

물을 마시라 어찌하여 네 샘물을 집 밖으로 넘치게 하며 네 도랑물을 거리로 흘러가게 하겠느냐 그 물이 네게만 있게 하고 타인과 더불어 그것을 나누지 말라 네 샘으로 복되게 하라 네가 젊어서 취한 아내를 즐거워하라 그는 사랑스러운 암사슴 같고 아름다운 암노루 같으니 너는 그의 품을 항상 족하게 여기며 그의 사랑을 항상 연모하라"(잠 5:15-19).

그러나 사탄은 하나님이 인간에게 주신 선물을 왜곡하거나 남용하게 한다. 하나님의 선물인 성의 참된 본질을 훼손하고 끊임없이 모조품을 만들어 낸다. 이처럼 왜곡된 성은 정서적, 영적으로 친밀한 관계가 상실된 육체적 성행위만을 추구하고 강조한다.

"하나님께서 지으신 모든 것이 선하매 감사함으로 받으면 버릴 것이 없나니 하나님의 말씀과 기도로 거룩하여짐이라"(딤전 4:4-5). 성경은 성이라는 하나님의 선물을 올바르게 사용할 수 있도록 규율과 가르침을 제공한다. 다시 말해, 하나님은 인간에게 성을 선물로 주시면서 사용 설명서를 동봉해 주셨다. 성에 대한 하나님의 사용 설명서를 한 문장으로 요약하면 다음과 같이 표현할 수 있다. "성은 결혼의 울타리 안에서 남편과 아내가 사용하도록 주신 하나님의 선물이다."

성은 결혼 언약을 갱신하는 기능을 한다. "나는 온전히, 영원히, 그리고 오로지 당신의 것입니다." 행복하고 사랑스러운 성 관계는 결혼 생활에서 일어나는 갈등, 분노, 원망, 실망, 냉담

한 분위기 등을 사라지게 만든다. 성은 부부 생활에 윤활유 같은 역할을 한다. 부부 사이의 의사소통을 긴밀하게 하고 친밀감을 더해 준다.

"아내는 자기 몸을 주장하지 못하고 오직 그 남편이 하며 남편도 그와 같이 자기 몸을 주장하지 못하고 오직 그 아내가 하나니 서로 분방하지 말라 다만 기도할 틈을 얻기 위하여 합의상 얼마 동안은 하되 다시 합하라 이는 너희가 절제 못함으로 말미암아 사탄이 너희를 시험하지 못하게 하려 함이라"(고전 7:4-5). 사람은 누구나 사랑받기를 원하고, 정서적으로 안정감과 친밀감을 원한다. 정서적, 영적 욕구가 채워지지 않으면, 사람은 육적인 쾌락에 집착하게 되고, 성적으로 타락하게 된다. 인간의 탐욕은 정신적 공복에서 나오며, 과도한 성욕은 정신적 불안에서 비롯된다.

'쾌락주의의 역설'은 쾌락이란 결코 쾌락을 통해 얻을 수 없다는 것이다. 성적 탐욕은 일종의 중독이자 정신적 역기능이다. 만족함을 모르는 성적 탐욕은 결코 충족될 수 없고, 그렇기 때문에 결국 인간을 자기 파멸로 이끌어 간다. 성욕도 적절하게 통제되고 절제할 수 있어야 한다.

정죄보다 가정의 신성함을 전하다

하나님의 백성에게 성적 순결을 강조하는 제7계명은 당시 종교들이 종교적 의식을 위해 신전 창기를 제도화한 것을 생각하면, 기독교의 차별성을 보여 준다. 바알 종교도 종교 의식을 핑계로 신전에 신전 창기들이 있었고, 제사 형식의 하나로 실제로 성행위를 했다. 그들은 그런 의식을 통해 신들의 성적 흥분을 유발하여 비옥한 결실을 얻을 수 있다고 믿었다. 이것은 주술의 일환이었다. 바알과 아스다롯을 섬기는 자들은 그들의 신을 모방하여 음행을 일삼았다. 바알 종교는 행음하는 음란한 종교였다.

그러나 기독교 신앙은 윤리성을 동반한다. 제7계명은 성적 욕망을 정죄하고 금기시하는 것이 아니다. 오히려 성의 밝은 면을 강조하며 결혼과 가정생활의 신성함을 말하고 있다. 결혼은 하나님이 제정하신 창조의 질서로서, 하나님과 우리의 관계를 보여 줄 만큼 신비하고 신성한 것이다. 따라서 우리는 하나님의 창조 질서를 따라 아름다운 가정을 이루고 그 가정을 거룩하게 유지해야 한다. 정결한 남편과 순결한 아내가 되어야 한다.

구약이 가르쳐 주는 성관계의 목적은 배우자 간에 사랑과 생명을 주고받는 것이다.[1] 인간의 성은 하나님이 허락하신 축복임이 분명하지만, 하나님의 뜻을 따라 지혜롭게 사용하지 않으면 오히려 위험을 초래한다. 성관계는 사랑과 생명을 고양시키기도 하고, 때로는 사랑과 생명을 위협하기도 한다.

성경은 결혼 관계 안에서 부부의 친밀한 성적 결합은 축복하지만, 그 외의 성적 관계는 금지하고 있다. 결혼 밖에서의 잘못된 성관계는 기존의 가족 관계를 파괴하기 때문이다. 결혼은 한 남자와 한 여자가 결합하여 '한 몸'을 이루는 것이지만 간음은 '한 몸' 됨을 깨트리는 것이다. 간음한 이유로 이혼에 이르기도 하지만, 사실은 이혼 이전에 간음 자체가 혼인의 언약을 깨트렸다. 사회적 관점에서 보면 가정의 파괴는 생존을 위한 존립 기반을 흔드는 행위다. 그러므로 간음은 단순히 개인들 간의 도덕적인 죄에 그치지 않고 가정과 공동체를 파괴하는 죄가 된다.

잘못된 성으로 신성한 결혼을 깨트리지 말라. 결혼 관계를 거룩하게 유지하기 위해 노력해야 한다. 부부간의 건강한 육체관계는 원만한 의사소통, 헌신적인 사랑과 존경, 높은 수준의 신뢰를 보여 주는 증거다. 반면, 간음은 배우자의 분노와 원한을 불러일으키며, 기만과 거짓, 부정과 불신으로 상대의 자존심을 망가뜨린다. 성을 올바르게 사용하는 것이 하나님의 영광을 위한 것이기에, 간음은 배우자뿐 아니라 하나님께 죄를 짓는 행위가 된다.

요셉은 보디발의 아내로부터 유혹을 받았을 때, 다른 사람의 눈이 아닌 하나님을 의식했다. "그런즉 내가 어찌 이 큰 악을 행하여 하나님께 죄를 지으리이까"(창 39:9). "여인과 간음하는 자는 무지한 자라 이것을 행하는 자는 자기의 영혼을 망하게 하며 상함과 능욕을 받고 부끄러움을 씻을 수 없게 되나니 남편이 투기로 분노하여 원수 갚는 날에 용서하지 아니하고 어떤 보상도 받지 아니하며 많은 선물을 줄지라도 듣지 아니하리라"(잠 6:32-35).

이처럼 간음은 첫째, 인간의 영혼을 망하게 만든다. 둘째, 세상에서 부끄러움을 당하게 한다. 셋째, 사람과 원한 관계를 맺게 만든다. 넷째, 성령과의 관계 회복을 어렵게 만든다. 간음의 죄가 얼마나 큰지, 성경은 우상을 섬기는 것에 비유한다. 다시 말해, 간음하는 것은 우상 숭배와 같다. 우상 숭배가 하나님을 배반하는 것이라면, 간음은 배우자를 배반하는 행위다. "그들이 그들의 조상들의 하나님께 범죄하여 하나님이 그들 앞에서 멸하신 그 땅 백성의 신들을 간음하듯 섬긴지라"(대상 5:25).

호세아서는 호세아 선지자와 그의 음란한 아내 고멜의 관계를 통해 하나님과 우상을 섬기는 이스라엘의 관계를 비유적으로 보여 준다. "여호와께서 호세아에게 이르시되 너는 가서 음란한 여자를 맞이하여 음란한 자식들을 낳으라 이 나라가 여호와를 떠나 크게 음란함이니라 하시니"(호 1:2).

예레미야서와 요한계시록에도 우상 숭배를 간음에 비유한 표현들이 나온다. "내가 어찌 너를 용서하겠느냐 네 자녀가 나를 버리고 신이 아닌 것들로 맹세하였으며 내가 그들을 배불리

먹인즉 그들이 간음하며 창기의 집에 허다히 모이며 그들은 두루 다니는 살진 수말같이 각기 이웃의 아내를 따르며 소리지르는도다"(렘 5:7-8). "그러나 네게 책망할 일이 있노라 자칭 선지자라 하는 여자 이세벨을 네가 용납함이니 그가 내 종들을 가르쳐 꾀어 행음하게 하고 우상의 제물을 먹게 하는도다"(계 2:20).

▌무섭고도 흔한 죄

유대 전통에는 어떠한 경우에도 정당화될 수 없는 세 가지 죄가 있다. 《탈무드》에서는 이 죄를 범한 이들을 반드시 죽이라고 명령한다. 이 세 가지 죄는 바로 우상 숭배, 살인, 간음이다. 윌리엄 바클레이(William Barclay)는 간음죄에 대해 다음과 같이 말했다. "유대교에서 간음죄보다 더 무서운 죄가 없고, 예언자들의 책망을 통해 보건대 간음보다 더 흔한 죄도 없었다는 것은 인간성의 역설이다."

예수님은 간음을 행위 이전에 마음의 문제로 보셨다. "또 간음하지 말라 하였다는 것을 너희가 들었으나 나는 너희에게 이르노니 음욕을 품고 여자를 보는 자마다 마음에 이미 간음하였느니라"(마 5:27-28). 예수님은 마음의 간음도 이미 간음으로 보셨다. "음욕"이란 표현에 암시되어 있듯이, 예수님의 이 말씀은 간음뿐 아니라 모든 음란한 행위들에 동일하게 적용된다. 이처럼 간음은 행위 이전에 마음의 문제다. 법 이전에 윤리적 문제다.

"만일 네 오른 눈이 너로 실족하게 하거든 빼어 내버리라 네 백체 중 하나가 없어지고 온몸이 지옥에 던져지지 않는 것이 유익하며 또한 만일 네 오른손이 너로 실족하게 하거든 찍어 내버리라 네 백체 중 하나가 없어지고 온몸이 지옥에 던져지지 않는 것이 유익하니라"(마 5:29-30). "네 오른 눈이 너로 실족하게 하거든 빼어 내버리라"는 말은 음란한 것은 처음부터 보지 말라는 의미다. "네 오른손이 너로 실족하게 하거든 찍어 내버리라"는 말은 어떤 유혹이 있어도 손을 대거나 만지지 말라는 의미다. 음욕, 보는 것, 만지는 것, 그리고 간음은 연장선상에 있다. C. S. 루이스(C. S. Lewis)는 결혼 관계를 벗어난 성관계를, 삼키고 소화할 생각 없이 음식의 맛만 보는 행위로 비유했다.

하나님의 말씀은 유혹에서 벗어나기 위해 필요하다. 나의 의지나 감정을 믿어서는 안 된다. 다른 사람의 말이나 상황에 맡겨서도 안 된다. 먼저 원칙을 세워야 한다. '거룩한 삶을 살겠다', '유혹이 될 만한 상황은 피하겠다' 등 원칙을 세우고 실천해야 한다. 자신이 연약한 존재임을 인정하고 유혹이 될 만한 장소나 상황을 피해야 한다.

성적인 죄는 싸워서 이길 수 있는 죄가 아니라 피해야 되는 죄다. 요셉처럼 그 즉시 현장을 떠나야 한다. 다윗처럼 호기심에 유혹을 향해 점점 더 가까이 다가가면 안 된다. 이런 유혹을 이겨 내려면 성령의 도우심이 필요하다. 그리고 매사에 절제를 훈련해야 한다. 마음과 생각으로라도 유혹에 넘어갔다면 철저히 회개해야 한다.

"너희는 너희가 하나님의 성전인 것과 하나님의 성령이 너희 안에 계시는 것을 알지 못하느냐 누구든지 하나님의 성전을 더럽히면 하나님이 그 사람을 멸하시리라 하나님의 성전은 거룩하니 너희도 그러하니라"(고전 3:16-17). "너희 몸이 그리스도의 지체인 줄을 알지 못하느냐 내가 그리스도의 지체를 가지고 창녀의 지체를 만들겠느냐 결코 그럴 수 없느니라"(고전 6:15).

"창녀와 합하는 자는 그와 한 몸인 줄을 알지 못하느냐 일렀으되 둘이 한 육체가 된다 하셨나니 … 음행을 피하라 사람이 범하는 죄마다 몸 밖에 있거니와 음행하는 자는 자기 몸에 죄를 범하느니라 너희 몸은 너희가 하나님께로부터 받은 바 너희 가운데 계신 성령의 전인 줄을 알지 못하느냐 너희는 너희 자신의 것이 아니라 값으로 산 것이 되었으니 그런즉 너희 몸으로 하나님께 영광을 돌리라"(고전 6:16, 18-20). "하나님의 뜻은 이것이니 너희의 거룩함이라 곧 음란을 버리고 각각 거룩함과 존귀함으로 자기의 아내 대할 줄을 알고 하나님을 모르는 이방인과 같이 색욕을 따르지 말고"(살전 4:3-5).

솔로몬의 잠언에는 유혹을 이기지 못한 한 젊은이의 몰락에 대한 이야기가 나온다. "내가 내 집 들창으로, 살창으로 내다보다가 어리석은 자 중에, 젊은이 가운데에 한 지혜 없는 자를 보았노라 그가 거리를 지나 음녀의 골목 모퉁이로 가까이하여 그의 집 쪽으로 가는데 저물 때, 황혼 때, 깊은 밤 흑암 중에라 그때에 기생의 옷을 입은 간교한 여인이 그를 맞으니 이 여인은 떠들며 완악하며 그의 발이 집에 머물지 아니하여 어떤 때에는 거리, 어떤 때에는 광장 또 모퉁이마다 서서 사람을 기다리는 자라 그 여인이 그를 붙잡고 그에게 입 맞추며 부끄러움을 모르는 얼굴로 그에게 말하되 … 여러 가지 고운 말로 유혹하며 입술의 호리는 말로 꾀므로 젊은이가 곧 그를 따랐으니 소가 도수장으로 가는 것 같고 미련한 자가 벌을 받으려고 쇠사슬에 매이러 가는 것과 같도다 필경은 화살이 그 간을 뚫게 되리라 새가 빨리 그물로 들어가되 그의 생명을 잃어버릴 줄을 알지 못함과 같으니라 이제 아들들아 내 말을 듣고 내 입의 말에 주의하라 네 마음이 음녀의 길로 치우치지 말며 그 길에 미혹되지 말지어다 대저 그가 많은 사람을 상하여 엎드러지게 하였나니 그에게 죽은 자가 허다하니라 그의 집은 스올의 길이라 사망의 방으로 내려가느니라"(잠 7:6-13, 21-27).

십계명은 서로 연결되어 있기 때문에 하나의 계명을 범하면

거기서 끝나지 않고 연속적으로 다른 계명까지 그 영향이 미친
다. 다윗의 경우를 보면, 그의 간음은 행복했던 가정을 파괴했
고, 그는 평안을 잃어버렸으며, 그것을 은폐하기 위하여 거짓
과 술수를 쓰게 되었고, 결국엔 살인 교사까지 저지르게 되었
다. 연쇄적인 범죄가 사슬처럼 이어지는 것을 볼 수 있다. 이처
럼 간음은 다른 죄까지 저지르게 만들며 여러 가지 고통의 원
인이 되기 쉽다. 하나님은 당신의 은혜로 자유인이 된 우리가
간음죄로 인하여 고통받기를 원하지 않으신다.

간음은 단순히 도덕적 죄가 아니라 이웃과 가족 전체를 파괴
하는 행위다. 다윗은 밧세바와 간음으로 그녀의 남편 우리아
를 죽음에 몰아넣었고, 밧세바를 통해 낳은 그의 아들은 죽었
다. 그리고 이런 다윗의 간음죄는 그의 가정에 재앙을 가져왔
다. 다윗의 아들 중 암논은 자신의 누이 다말을 겁탈하고 버리
는 죄를 범하게 되고, 다말의 오빠이자 암논의 이복형제인 압
살롬은 이 일로 암논을 죽이게 되고, 결국엔 반역을 일으켜 나
라 전체를 혼란에 빠트리고, 아버지 다윗의 첩을 범하고, 결국
은 죽음으로 끝나는 비극을 낳게 된다. 이렇게 간음은 많은 문
제를 일으키고 가정과 나라를 파괴한다.

간음은 부부간의 신의를 깨트릴 뿐 아니라 죄책감, 수치심,
적개심 등을 발생시킨다. 간음은 원치 않는 임신을 하게 하거
나 성병에 노출시키기도 한다. 삼손의 경우도 결국 그의 문란
한 생활이 문제가 되었다. 하나님께 많은 은사를 받았음에도

삼손은 거듭되는 성적 방종으로 은사도 사라지고 자신의 눈도 빼앗기고, 결국 생명까지 잃게 된다. "모든 사람은 결혼을 귀히 여기고 침소를 더럽히지 않게 하라 음행하는 자들과 간음하는 자들을 하나님이 심판하시리라"(히 13:4). "지혜를 사모하는 자는 아비를 즐겁게 하여도 창기와 사귀는 자는 재물을 잃느니라"(잠 29:3).

자기중심적이고 이기적인 생각으로 성관계를 가져서는 안 된다. 상대를 성적 대상으로 여기고 사람을 수단화하는 비인격적인 관계를 가져서는 안 된다. 성에 있어서도 내가 상대방에게 무엇을 줄 수 있는지를 먼저 생각해야 한다. 성관계를 통해 순간의 쾌락을 얻을 수는 있지만, 그보다 먼저 사랑하는 상대에게 즐거움을 주는 것을 생각해야 한다.

우리 사회에서는 피임 도구의 발달로 성과 생식(출산)이 분리되는 문화가 당연하게 여겨지고 있다. 그런데 이제는 여기서 더 나아가 성과 결혼을 분리시키는 경향까지 만연하고 있다. 성관계의 전제 조건이 결혼이 아니라 애정이 되었다. 우리나라에서는 간통죄가 폐지되었다. 이기적 욕망과 돈벌이 수단으로 성을 매매하기도 한다. 또한 과거와 같이 동시적 중혼(일부다처제)은 아니지만 빈번한 이혼과 재혼으로, 연속적이며 순차적 중혼이 보편적인 현상이 되었다. 임시적 또는 다양한 형태의 결혼과 가정이 인권이라는 미명 아래 진행되고 있다.

성이 놀이인 시대 속 진정한 사랑

더 나아가 오늘날 왜곡된 성 문화는 성을 가벼운 놀이로 전락시켰다. 쾌락과 자극을 위해, 신체적, 정신적 긴장을 풀기 위해, 외로움이나 지루함에서 벗어나기 위해, 남을 통제하고 굴욕감을 주기 위해, 자신들의 취향과 만족을 위해 성관계를 한다. 이러한 놀이의 수단으로 성관계를 하는 경우에는 성의 가치를 떨어뜨리며, 성을 하찮고 추한 것으로 변질시킨다. 이런 성관계는 기쁨보다는 혐오감을 더 많이 남기게 된다.

성의 환희와 즐거움이 변질된 우리 사회에는 난잡한 성관계, 성희롱, 성도착, 성폭력, 무분별한 자위행위, 강간, 원조 교제, 스와핑, 동성애, 성전환, 포르노그래피, 성 중독, 매춘, 성 상품화, 인터넷 음란 사이트, 사이버 섹스, 수간, 마약, 성병, 에이즈 같은 것들이 넘쳐 난다. 불륜과 왜곡된 성을 소재로 하고 미화하는 드라마, 영화, 소설, 음악이 막강한 영향력을 미치고 있다.

인디애나 대학의 돌프 질만(Dolf Zillmann) 교수와 휴스턴 대학의 제닝스 브라이언트(Jennings Bryant) 교수의 연구 결과에 따르면, 장기적으로 포르노를 본 남성은 자기 아내에게 성적 매력을 느끼지 못하며, 실제 성행위에서도 만족감을 얻지 못한다고 한다. 그는 혼외정사를 금해야 한다고 느끼지 못하며, 정결 또한 의무 사항이라고 보지 않는다. 또한 성행위를 친밀한 사랑

의 관계가 아닌 단순한 육체 행위로 간주한다. 이런 생각은 여성과의 올바른 관계를 단절시킨다.[2]

하나님은 아담과 스티브를 만들지 않으셨다. 한 남자 아담과 한 여자 하와를 만드셨다. 이것을 잊어서는 안 된다. 하나님의 뜻은 한 남자와 한 여자의 결합이다. 과거 어느 시장은 샌프란시스코 일간지와의 인터뷰에서 "아시아 최초로 한국이 동성 결혼을 합법화하길 원한다"라는 발언을 했다.

또한 서울시민 인권헌장 제정과 관련해서 '동성애 차별금지법'이 이슈화되고 있다. 미국에서는 이미 동성애에 대한 논의가 오랫동안 진행되어 왔다. 한국에서 입법이 추진되고 있는 '포괄적 차별금지법'은 사실상 동성애 합법화법이다. 동성애자를 차별해서는 안 되지만 동성애가 죄라는 사실은 분명하게 알려 주어야 한다. 죄는 계몽하고 치유해야지, 죄를 합법화할 수는 없는 것이다. 2024년 서울 인천에서 열린 제4차 로잔대회에서는 동성애는 죄임을 밝히고, 동성애자들에 대한 깊은 슬픔을 가지고 치유와 회복을 위한 노력을 기울여야 함을 강조했다.

"누구든지 여인과 동침하듯 남자와 동침하면 둘 다 가증한 일을 행함인즉 반드시 죽일지니 자기의 피가 자기에게로 돌아가리라"(레 20:13). "그와 같이 남자들도 순리대로 여자 쓰기를 버리고 서로 향하여 음욕이 불일듯하매 남자가 남자와 더불어 부끄러운 일을 행하여 그들의 그릇됨에 상당한 보응을 그들 자신이 받았느니라"(롬 1:27).

‘커밍아웃’, ‘게이 퍼레이드’, ‘퀴어 축제’ 등의 문화가 동성애를 자연스러운 것으로 위장하고 있다. 동성애 성향이 유전적이고 선천적이란 주장은 과학적으로 증명되지 못했다. 오히려 후천적으로 보는 것이 합리적이다. 환경의 영향을 받아, 후천적인 경험에 의해, 또는 왜곡된 성적 취향에 의해 이루어진 것으로 봐야 한다. 만일 죄의 본성이 있다고 해도 그것을 당연하고 자연스러운 것으로 여겨서는 안 된다. 잘못된 것은 고쳐야 한다. 무분별한 혐오나 기본적인 인권을 무시하는 것은 안 되지만, 그들을 돌봄의 대상으로 봐야 한다. 그들은 필요한 상담과 적절한 치유의 과정을 거쳐 변화되어야 한다.

오늘날에는 어느 때보다 우리에게 건전한 성 윤리 확립이 요구된다. 앞서와 같은 상황 속에 살아가는 우리는 진정한 사랑을 배우지 못했다. 존재로서의 성이 아니라 소유로서의 성만 알아 왔다. 육체와 영혼을 분리시켜 생각하는 것은 잘못이다.

제7계명을 긍정적으로 다시 표현하면 다음과 같다. “일부분만을 사랑하지 말고 전체를 사랑하라.” 다시 말해, 육체(몸)만을 사랑하지 말고 인간의 영, 혼, 육 모두를 사랑하는 온전한 사랑을 하라는 것이다.

(1) 결혼에 있어서 세 가지가 균형을 이루어야 하는데 그 세 가지는 무엇일까요? (창 2:24)

(2) 우리의 몸은 하나님의 무엇인가요? (고전 3:17, 6:19)

(3) 음행은 무엇에 죄를 짓는 것인가요? (고전 6:18)

(4) 예수님은 간음에 대해 무엇을 말씀하셨나요? (마 5:28)

(5) 성적인 유혹에 대하여 "No"라고 말하세요.

8
부의 축적과 공평

은혜로 주어진 내 것을
이웃과 나누라

"도둑질하지 말라"(출 20:15).

▌ **"도둑질하지 말라"의 숨은 뜻**

창세기에서 아담과 하와가 저지른 인류 최초의 죄는 도둑질이었다. 그들이 하나님이 금지하신 선악과를 따 먹은 것은 불순종의 죄인 동시에 하나님의 것을 가로챈 도둑질이다. 사무엘상에 나오는 엘리 제사장의 아들 홉니와 비느하스는 하나님께 드리는 헌물을 도둑질했다(삼상 2:29). 예수님의 제자 중 하나였던 가룟 유다는 공동체의 돈궤를 맡고 거기 넣는 것을 도둑질했다(요 12:6).

제8계명은 "도둑질하지 말라"(출 20:15)다. "도둑질하지 말라"의 히브리어 문장은 '로 티그노브'(lo tignov)다. 그런데 이 문장 앞에 목적어(무엇을)가 생략되어 있다. 그래서 이 명령은 크게 두 가지로 이해될 수 있다. 첫째, 사람을 도둑질하는 것과, 둘째, 사물을 도둑질하는 것이다. 실제로 유괴(신 24:7), 납치(출 21:16), 인질, 노예 매매 등은 사람을 도둑질하는 것이고, 짐승이나 재물이나 땅을 절도하는 것은 사물을 도둑질하는 것이다. 그리고 덧붙인다면, 무형의 것인 다른 사람의 명예를 훼손하거나 지적 소유를 무단으로 도용하는 것도 해당된다.

그러나 단지 도둑질을 하지 않았다고 이 계명을 충족하는 것은 아니다. 도둑질을 하지 않는 소극적인 단계에서 근면하고 성실하게 일하고, 나누어 주기를 좋아하고, 선한 일을 하는 데까지 나가야 한다. "도둑질하는 자는 다시 도둑질하지 말고 돌이켜 가난한 자에게 구제할 수 있도록 자기 손으로 수고하여 선한 일을 하라"(엡 4:28).

성경은 노동의 가치를 높이 인정한다. 요행을 바라지 말고, 땀 흘려 정직하게 일하라고 가르친다. 수고하여 얻은 정당한 소득이어야 물질과 함께 복을 가져온다. 신자는 검소하고 단순하게 살고 매사에 절제해야 한다. 사람은 불로소득을 원하기 때문에 도둑질을 한다. 인간의 소득은 선물(유산)이나 노동으로 이루어진다. 그렇다고 소득이 인간의 능력으로만 결정되는 것도 아니다. 과도한 능력주의의 폐해도 경계해야 한다.

우리에게 주어진 모든 것은 우리의 능력과 주어진 은혜의 산물이다. 우리는 부모나 국가나 환경이나 심지어 행운, 그리고 하나님이 주신 것들을 누리고 있는 것이다. 우리의 수고나 능력의 결과만이 아니다. 오늘의 우리는 모두에게 빚을 졌고, 모두에게 감사하는 마음이 있어야 한다. "네가 네 손이 수고한 대로 먹을 것이라 네가 복되고 형통하리로다"(시 128:2). "속이는 말로 재물을 모으는 것은 죽음을 구하는 것이라 곧 불려다니는 안개니라"(잠 21:6).

제8계명을 잘 지키기 위해서는 먼저, 자족하는 법을 배워야 한다. "어떠한 형편에든지 나는 자족하기를 배웠노니"(빌 4:11). 자족의 원칙은 있다 하여 교만하지 않고, 없다 하여 비굴하지 않은 것이다. 또한 항상 타인의 것을 존중해야 한다. 직장의 기물이나 비품을 마음대로 쓰고 함부로 낭비하는 것도, 남의 것을 빌리고 오랫동안 돌려주지 않는 것도, 후손에게 빌려 쓰고 있는 환경을 훼손하는 것도 크게 보면 도둑질이다. 남의 소유를 존중하지 않았기 때문이다. 알고 했든, 모르고 했든 남의 것에 손을 댄 적이 있으면 회개하고 적절하게 변상해야 한다.

구약의 제사에는 속죄제와 속건제가 있다. 속죄제는 죄를 사함받는 제사이고 속건제는 죄의 책임을 보상하는 제사이다. 속죄제는 회개이고 속건제는 회개의 열매이다. 한국 교회는 속죄제를 가르쳤지만 속건제는 잘 가르치지 못했다. 하나님께 회개했다고 끝이 아니다. 회개하고 회복하기 위해서는 속건제가 필요하다. 남의 것을 도둑질하거나 착취한 일이 있다면 본래의 주인에게 20%를 더하여 돌려주는 것이 속건제이다(레 5:15-16, 6:2-5 참고).

주님을 만나 회개하고 새로운 삶을 결단한 삭개오의 회심은 마음의 회심에서 끝나지 않았다. 그의 마음의 변화는 회개의 열매와 구체적으로 물질관의 변화로 나타났다. "삭개오가 서서 주께 여짜오되 주여 보시옵소서 내 소유의 절반을 가난한 자들에게 주겠사오며 만일 누구의 것을 속여 빼앗은 일이 있으면 네 갑절이나 갚겠나이다"(눅 19:8).

예수님은 스스로 율법을 다 지켰다고 말하는 부자 청년에게 율법의 참된 정신이 무엇인지 가르쳐 주셨다. "예수께서 이르시되 네가 온전하고자 할진대 가서 네 소유를 팔아 가난한 자들에게 주라 그리하면 하늘에서 보화가 네게 있으리라 그리고 와서 나를 따르라 하시니"(마 19:21).

부자 청년의 율법 준수는 온전한 것이 아니었다. 주어진 것을 감사하는 마음으로 나누는 삶을 살지 않으면 그것이 곧 도둑질이라는 것을 그는 알지 못했다. 예수님의 초청에도 불구하고 부자 청년은 근심하며 돌아갔다. 그가 알기 원했던 답이 주어졌음에도 막상 그는 실행하지 못했다.

성경은 하나님의 것을 도둑질하는 사람에 대해 다음과 같이 말한다. "사람이 어찌 하나님의 것을 도둑질하겠느냐 그러나 너희는 나의 것을 도둑질하고도 말하기를 우리가 어떻게 주의 것을 도둑질하였나이까 하는도다 이는 곧 십일조와 봉헌물이라 너희 곧 온 나라가 나의 것을 도둑질하였으므로 너희가 저주를 받았느니라 만군의 여호와가 이르노라 너희의 온전한 십일조를 창고에 들여 나의 집에 양식이 있게 하고 그것으로 나를 시험하여 내가 하늘 문을 열고 너희에게 복을 쌓을 곳이 없도록 붓지 아니하나 보라"(말 3:8-10).

사유 재산의 보호, 사유 재산의 저지

제8, 9, 10계명은 공동체의 삶과 관련된 계명으로, 공동체를 구성하고 유지하는 데 필요한 내용들이다. 특별히 서양 문화에서는 제8계명이 사유 재산권 침해를 막아 주는 규정으로 쓰였는데, 이는 서양 문화 속에서 제8계명에 대한 마르틴 루터의 해석을 이 계명의 어두운 면을 강조하는 것으로 이해하며 제8계명을 바르게 해석하지 못했기 때문이다.[1]

즉 이러한 제8계명의 이해는 다른 사람의 소유권을 존중해 주긴 했지만, 개인의 이기적인 재산 소유를 보호하고, 재산 축적을 정당화시켜 주었다. 제8계명을 올바르게 해석하지 못했기에 내 것과 다른 사람의 것을 구별하고, 자기 소유를 지키는 데 머물게 된 것이다. 그 결과 가난한 이들을 돌보거나 나누며 사는 삶이 등한시되었다.

이처럼 제8계명을 개인 소유 불가침에 대한 사상으로 이해한 후기 서양의 관점과 달리, 본래 이 계명은 재산권 이전에 공동체 구성원들의 인권을 중시하는 말씀으로 해석해야 한다.

왜냐하면 제8계명의 본뜻이 사유 재산의 보호가 아닌, 오히려 사유 재산권 형성을 경계(저지)하는 데 있기 때문이다.

본래 과거 이스라엘에는 사유 재산 개념이 존재하지 않았다. 이스라엘의 원시 경제는 공동체 지향적인 것으로, 현대의 사유 재산보다는 공동 소유의 개념이 강했다. 당시의 재산은 개인과 가족의 삶, 그리고 공동체 권리의 연장이었다.[2] 원시 이스라엘의 경제 단위는 공동체나 부족 중심이었기에 땅이나 짐승들도 공동체나 부족에 의해 소유되었다. 가나안에 정착한 후 부족과 가족 단위로 땅을 분배하고도 대부분의 나머지 땅은 공동의 소유로 남겨 두었다. 그리고 제비를 뽑아 일정 기간을 정하여 땅을 배분받았다. 이런 제도 아래서는 개인의 소유가 극도로 제한될 수밖에 없었다.

그러므로 "도둑질하지 말라"는 계명의 본래 의미는 개인의 사유 재산권을 보호하기 위한 것이 아니라 공동의 소유를 개인의 사적인 이익을 위해 착복하는 것을 금지하는 것으로 보아야 한다. 대부분의 중요한 소유는 전체 공동체나 확대된 가족에 속해 있었기 때문이다.

삶의 수단이 목축이었던 이스라엘에게 가축, 땅, 목초지는 공동체 내지는 부족 공동의 소유였다. 제8계명 "도둑질하지 말라"는 명령은 공동의 소유물을 개인의 사적인 용도로 사용하지 말라는 말씀이다. "공동의 재산을 너 개인의 소유로 만들지 말라." 다시 말해, 공(公)의 사유화를 금지한 계명이다.

여호수아서에 기록된 아간의 범죄는 제8계명을 위반한 전형적인 예다. 가나안 땅에 들어간 이스라엘이 최초로 범한 죄가 아간의 도둑질이었다(수 7장). 가나안의 첫 번째 성이었던 여리고성을 정복한 이스라엘은 하나님께만 승리의 영광을 돌렸어야 했다. 그러나 전쟁의 승리를 자신의 공로로 여기고, 하나님의 거룩한 전쟁을 탈취와 도둑질로, 탐욕스런 인간의 전쟁으로 전락시켰다. 가나안 첫 전쟁의 열매는 오로지 하나님께만 돌려야 하는 하나님의 것이었다. 그러나 아간은 사욕을 채우기 위해 전리품을 챙겼고, 이로 인해 공동체에 큰 어려움을 초래했다.

또한 "도둑질하지 말라"는 제8계명은 부의 축적을 정당화해준 것이 아니라 가난한 사람을 구제하고 자신의 것을 나누라는 뜻을 담고 있다. "매 삼 년 끝에 그해 소산의 십분의 일을 다 내어 네 성읍에 저축하여 너희 중에 분깃이나 기업이 없는 레위인과 네 성중에 거류하는 객과 및 고아와 과부들이 와서 먹고 배부르게 하라 그리하면 네 하나님 여호와께서 네 손으로 하는 범사에 네게 복을 주시리라"(신 14:28-29). "너희가 너희의 땅에서 곡식을 거둘 때에 너는 밭모퉁이까지 다 거두지 말고 네 떨어진 이삭도 줍지 말며 네 포도원의 열매를 다 따지 말며 네 포도원에 떨어진 열매도 줍지 말고 가난한 사람과 거류민을 위하여 버려두라 나는 너희의 하나님 여호와이니라"(레 19:9-10).

도둑질을 금하는 이 계명이 무분별한 부의 축적과 그 결과로 발생하는 빈부의 격차를 정당화하는 데 사용되어서는 안 된다. 오히려 더 많이 가진 자들의 사회적 책임을 강조하는 데 쓰여야 한다. 부의 과도한 축적은 넓은 의미에서 보면 사회로부터 공공의 재화를 도둑질하는 것이다. 이러한 행위는 사회 구성원들의 경제적, 정치적 평등을 파괴하는 행위로 궁극적으로 공동체를 깨트리는 것이다. [3]

▮ 하나님의 것이기에 나누어야 한다

이는 구약의 신학적 견해를 반영하는 것으로서, 하나님만이 땅의 진정한 주인이며, 수여자이시라는 사상이다. 부분적인 재산권은 인정하지만 원칙적으로 모든 재물은 하나님의 선물이고 인간은 청지기 역할을 잘 감당해야 한다. 따라서 우리는 청지기로서의 사회적 의무를 다해야 한다.

땅과 재산은 하나님의 영광과 공동체 구성원 모두를 위해 사용하도록 주어진 선물이다. 그러므로 우리는 우리의 재화와 소유가 하나님으로부터 온 선물임을 알고 그것을 필요로 하는 이들과 함께 나눌 수 있어야 한다. 하나님은 이 세상 모든 것의 주인이시다. "땅과 거기에 충만한 것과 세계와 그 가운데에 사는 자들은 다 여호와의 것이로다"(시 24:1).

우리의 소유와 재화는 하나님으로부터 부여받은 선물이다.

선물은 그것을 필요로 하는 이들과 나눌 수 있어야 한다. 우리는 이 선물의 소유권을 가진 것이 아니라 사용권을 가지고 있다. 하나님의 청지기 역할을 잘 수행해야 한다. 청지기 의식은 섬김과 나눔과 돌봄의 정신이다. 인간의 탐심은 섬김으로, 나눔으로, 돌봄으로 이길 수 있다.

땅의 궁극적인 소유권은 하나님에게 있고, 하나님이 각 가문과 종족에 땅을 선물로 주셨다. 이는 누구도 침해할 수 없는 천부적 권리다. 나봇의 포도원 사건은 이를 잘 보여 주는 예다. 아합왕이 나봇에게 그의 포도원을 팔거나 다른 것과 교환하자고 제안했을 때, 나봇은 다음과 같이 대답했다. "내 조상의 유산을 왕에게 주기를 여호와께서 금하실지로다"(왕상 21:3). 왕의 요구였지만 나봇은 말씀에 근거하여 단호하게 거절했다. 여기에 구약의 토지 공개념이 들어 있다. "토지를 영구히 팔지 말 것은 토지는 다 내 것임이니라 너희는 거류민이요 동거하는 자로서 나와 함께 있느니라"(레 25:23).

재물의 획득이나 사용에 있어 공의 윤리가 필요하다. 오늘날 우리 사회의 병폐는 배타적 경쟁심, 강한 소유욕, 사치심, 향락 풍조, 그리고 타인과 공동체에 대한 배려가 없는 이기적인 행동에 기인한다. 공을 사유화하려는 욕구는 특히 공을 많이 세운 사람에게 쉽게 나타난다. 자신이 공로가 있다고 생각하는 사람은 하나님의 은혜보다는 자신의 공로를 주장한다.

제8계명에는 인간의 총체적 안전을 지키려는 목적이 내포되어 있다. 사유 재산의 보호 이전에 가난한 이들의 삶을 보호하려는 의도가 들어 있다. 본래 십계명은 약자와 가난한 자의 인권을 위한 법이다. 구약의 제도와 문화 등을 통해 우리는 하나님의 관심이 어디에 있는지 알 수 있다. 이삭 줍기, 가난한 자를 위한 십일조, 안식일, 안식년, 희년(50년, 출 21:1-2; 레 25장; 신 15:1-18) 등의 제도를 통해 부의 집중이나 가난의 세습을 막고 공동체의 재산을 재분배하는 데 관심이 있으셨던 것을 엿볼 수 있다.

제10계명의 '탐내는 것'이 내면적인 것이라면, 제8계명의 '훔치는 행위'는 외면적인 행동이다. 수단과 방법을 가리지 않고 부를 축적하는 행위, 사법 조직의 부패, 공권력 남용, 공금 횡령, 탈세, 임금 착취, 표절, 불법 상품 유통, 직무 태만, 불로소득, 도박, 투기 같은 것들이 이 행위에 해당될 것이다.

어디 이뿐인가? 인신매매, 부정 축재, 뇌물(출 23:8), 사기(미 2:2; 막 10:19), 매점매석, 고리대금(출 22:25), 부정직한 상거래(레 19:35), 임금 체불(약 5:4; 레 19:13), 근무 시간 도둑질, 부당 이익, 폭리, 채무 불이행(시 37:21), 지적 재산권 침해 등 셀 수 없을 정도로 많은 '훔치는 행위'가 존재한다. "너는 네 이웃을 억압하지 말며 착취하지 말며 품꾼의 삯을 아침까지 밤새도록 네게 두지 말며"(레 19:13).

▎공(公)의 윤리가 필요하다

이러한 죄와 문제를 극복하기 위해 공의 윤리 확립이 필요하다.[4] 도둑질의 대상은 유형의 것만이 아니다. 무형의 것도 도둑질할 수 있다. 이제는 보편화된 지적 재산권의 침해도 도둑질이고, 다른 사람을 향하여 분노할 때 우리는 그에게서 평화를 훔치는 것이다. 거짓말을 할 때는 진리 한 조각을 훔치는 것이고, 악성 댓글을 달고 욕을 할 때는 상대의 존엄성을 훔치는 것이며, 거짓을 유포해 누군가를 모함할 때는 그 사람의 명예를 훔치는 것이다.[5]

제8계명은 생태계에 대한 책임 문제와도 관련된다. 생태계에 대한 책임을 이야기할 때는 공간과 시간, 두 가지 차원을 모두 고려해야 한다. 공간적으로는 전 지구적인 차원에서 환경 문제를 다루어야 하고, 시간적으로는 미래 세대까지도 감안한 지속 가능한 환경을 유지해야 한다. 자연의 훼손과 일방적인 자원 낭비는 지구 공동체의 타 지역과 아직 태어나지 않은 세대의 생존권을 위협하고 찬탈하는 행위다. "도둑질하지 말라"는 계명은 현세대뿐 아니라 앞으로 올 세대의 자산을 훔치는 것까지 금지하는 명령이다.

자유인인 우리가 도둑질을 하게 되면 속박되고 불안해지며 자존감까지 상하게 된다. 그것을 방지하기 위해 하나님은 우리에게 제8계명을 주셨다. 물질을 도둑질하는 행위를 통해 우리는 우리 자신의 생명과 영혼까지도 잃어버릴 수 있다. 하나님은 우리가 그러한 상태에 놓이기를 원하지 않으신다.

공동의 재산을 개인의 소유로 만들지 말라는 제8계명 "도둑질하지 말라"를 긍정적으로 표현한다면 다음과 같다. "이웃들과 더불어 나누면서 살라."

1. 세상의 모든 것이 누구의 것인가요? (시 24:1)

2. 아간이 지은 죄는 무엇인가요? (수 7:1, 11-12, 21)

3. 삭개오는 어떻게 회개했나요? (눅 19:8)

4. 세상 속에서 제8계명을 어긴 죄가 있다면 무엇이 있나요?

5. 매주 한 가지 이상 다른 사람에게 나눔을 실천하세요.

9

기독교 신뢰의 문제

거짓이 난무한 세상에서
진실을 말하라

"네 이웃에 대하여 거짓 증거하지 말라"(출 20:16).

▌인류 최초의 거짓말

거짓말에 대한 웃지 못할 농담이 많이 있다. 한 거지가 부잣집에 구걸을 하러 갔다. 거지가 귀찮았던 부잣집 주인은 "지금은 현금이 없으니 내일 오시오"라고 말했다. 그 말을 들은 거지는 다음과 같이 말했다. "내일 주겠다는 말을 믿었다가 지금까지 내가 얼마나 손해를 많이 보았는지 아세요? 지금 당장 주세요."

이런 이야기도 있다. 여름 옷 재고가 200벌이나 남은 도매상이 있었다. 재고 처리 때문에 고민하는 사장을 보던 한 사원이 한 가지 아이디어를 냈다. "사장님, 시골 소매상들에게 샘플로 열 벌씩 보내고 여덟 벌만 보냈다고 편지를 보내시죠. 그러면 우리가 잘못 보낸 줄 알고 공짜로 두 벌을 갖기 위해 여덟 벌을 구입하지 않을까요?" 그 말을 들은 사장은 좋은 생각이라 여겨 당장 실행에 옮겼다. 그런데 일주일이 훌쩍 넘어도 옷을 사겠다는 가게가 단 하나도 없었다. 결국 다 반품으로 되돌아왔는데 열 벌 중 여덟 벌씩만 돌아왔다.

인류 최초의 거짓말은 에덴동산에서 있었다. 하나님은 선악과를 따 먹으면 "반드시 죽으리라"(창 2:17) 하셨는데, 하와는 "죽을까 하노라"(창 3:3)라고 하나님의 말씀을 축소, 왜곡했고, 사탄은 "결코 죽지 아니하리라"(창 3:4)라고 거짓말을 했다. 사탄은 거짓을 말함으로 오히려 하나님을 거짓말쟁이로 만들었다. 그런데 하와는 거짓말하는 사탄의 말을 믿었다. "너희는 너희 아비 마귀에게서 났으니 너희 아비의 욕심대로 너희도 행하고자 하느니라 그는 처음부터 살인한 자요 진리가 그 속에 없으므로 진리에 서지 못하고 거짓을 말할 때마다 제 것으로 말하나니 이는 그가 거짓말쟁이요 거짓의 아비가 되었음이라"(요 8:44).

영적으로 보면 거짓말하는 사람은 사탄의 지배 아래 있다는 것을 스스로 보여 주는 것이다. 반면 예수님은 진리이시다. 그러므로 예수님을 따르는 자들은 사탄의 지배 아래 살면 안 된다. 진리 가운데 살아가야 한다. 성경은 이단을 진리를 왜곡하는 자, 거짓 교사, 적그리스도, 미혹하는 자, 거짓말하는 자로 규정한다. "거짓말하는 자가 누구냐 예수께서 그리스도이심을 부인하는 자가 아니냐 아버지와 아들을 부인하는 그가 적그리스도니"(요일 2:22). 천부교 박태선, 통일교 문선명, 신천지 이만희, 하나님의교회 안상홍, 이들은 모두 거짓말쟁이요 종교 사기꾼들이다. 세상에 사기꾼들이 많지만 종교 사기꾼이 제일 나쁘다. 그들은 영혼까지 도둑질하기 때문이다.

성경에도 거짓말하는 자들이 많이 기록되어 있다. 하나님은 동생 아벨을 죽인 가인에게 "네 아우 아벨이 어디 있느냐"라고 물으셨다. 가인은 "내가 알지 못하나이다"(창 4:9)라고 거짓말을 했다. 아브라함은 아내 사라를 누이라고 속였다. 이삭도 자신의 아내 리브가를 누이라고 했다. 야곱도 자신을 에서라고 하며 눈이 안 보이는 아버지 이삭을 속였다. 라반도 조카 야곱에게 라헬을 주기로 약속했다가 실제는 레아를 주었다.

야곱의 자식들도 야곱에게 요셉이 짐승에 물려 죽었다고 거짓말을 했다. 아합왕은 거짓 증인들을 내세워 나봇의 포도원을 강탈했다. 베드로도 예수님을 세 번씩이나 모른다고 부인했다. 초대 교회 아나니아와 삽비라는 헌금의 일부를 드리면서 전부를 드렸다고 성령을 속였다. 이 모든 거짓은 결국 불행을 낳았고, 때로는 죽음을 가져왔다.

"대제사장들과 온 공회가 예수를 죽이려고 그를 칠 거짓 증거를 찾으매 거짓 증인이 많이 왔으나 얻지 못하더니 후에 두 사람이 와서"(마 26:59-60). 예수님도 공생애 동안 거짓 증인으로 인하여 많은 고초를 당하셨다. 예수님이 부활하셨을 때도 사람들은 제자들이 시체를 도둑질해 갔다고 거짓 소문을 퍼트렸다.

왜 거짓을 말하는가?

사람들은 여러 가지 이유로 거짓말을 한다. 이익을 취하기 위해, 어려움을 모면하기 위해, 남을 괴롭히려는 악의 때문에, 강한 사람에게 아부하려는 비겁함 때문에, 악한 자들과 가까이 지내고자 하는 잘못된 의리 때문에, 안일함 때문에, 다른 사람을 이용하기 위해, 사람들을 선동하기 위해, 관심을 끌고 싶어서, 자신을 좋게 포장하기 위해, 자신의 실체가 드러나는 것을 막기 위해 거짓을 말한다. 탐욕, 교만, 두려움, 복수심, 모함, 열등감, 허영심, 시기심 같은 것들이 거짓말의 동기다. 이 모두가 다 어둠의 일이다.

제9계명은 다음과 같다. "네 이웃에 대하여 거짓 증거하지 말라"(출 20:16). 제9계명을 범하는 것은 제8계명과 관련되기도 하는데, 남의 물질이나 명예를 가로채기 위해 거짓(사기)을 저지르는 경우다. 거짓은 출애굽기에서는 '진실이 아님'을 의미하고, 신명기에서는 '신실하지 못함'을 의미한다. 제3계명이 하나님에 대한 거짓말이라면, 제9계명은 사람에 대한 거짓말이다. 제3계명은 하나님의 이름을 망령되게 부르는 것에 대해서이고, 제9계명은 이웃의 이름(명예)을 훼손하는 말에 대한 것이다. "너는 거짓된 풍설을 퍼뜨리지 말며 악인과 연합하여 위증하는 증인이 되지 말며"(출 23:1).

▌진실의 신성, 거짓이 없으신 하나님

제9계명은 진실의 신성을 의미하는 것으로, 공동체 안에서 인간관계에 필수적인 계명이다. 이 계명은 공공의 영역에서 진실을 말하는 것에 해당하며 기본적으로 법정에서 증언할 때 진실을 말하라는 것이다.[1] 과학적 수사 방법이 미비했던 당시 법정에서는 올바른 결정을 이끌어 내는 데 있어 증인의 증언이 절대적이었다.[2]

언어는 인간 공동체를 유지하는 기초로서 기본적인 약속이다. 만약 언어가 신뢰를 잃게 되면 그 사회는 위험에 처한다. 우리는 어떤 위협에 처하거나 손실이 있더라도 반드시 진실을 말해야 한다. 또한 진리를 말하지 않고 침묵하는 것도 거짓 증거에 해당한다. 침묵과 묵인의 거짓말이다. 법정에 증인으로 서는 사람은 다음과 같은 선서를 해야 한다. "오직 진실만을 말하며 진실 외에는 말하지 않겠습니다."

"재판장은 자세히 조사하여 그 증인이 거짓 증거하여 그 형제를 거짓으로 모함한 것이 판명되면 그가 그의 형제에게 행하려고 꾀한 그대로 그에게 행하여 너희 중에서 악을 제하라"(신 19:18-19). 위증이란 증인으로 선 사람이 선서를 한 후 거짓을 말하는 것으로, 많은 국가에서 범죄로 분류되며 한국에서는 형법 제152조(위증, 모해 위증)에 따라 5년 이하의 징역 또는 1천만 원 이하의 벌금에 처한다.

2000년도 통계에 따르면 위증죄로 기소된 사람의 수가 우리나라는 1,198명, 일본은 5명이었고, 무고로 기소된 경우는 우리나라 2,961명, 일본 2명이었다. 이 통계를 보면 우리나라에 위증과 무고가 월등하게 많다는 것을 알 수 있다. 증언이 거짓인지, 참인지를 입증하기 위해 때로는 대질 심문을 진행하기도 하고 거짓말 탐지기를 동원하기도 한다.

정직하지 못한 말을 하는 것, 허위 사실을 유포하는 것, 정보와 증거를 날조하는 것, 사실을 과장하거나 왜곡하는 것, 남의 명예나 이익을 침해하는 말을 하는 것 등이 제9계명에 저촉된다. 거짓 증거는 실제 있지도 않은 것을 말하는 것뿐 아니라 있는 사실이라 할지라도 부풀려 말하거나 축소하여 말하는 것을 포함한다. 요즘 우리가 쉽게 접하는 상업 광고나 인터넷에 떠도는 정보들 가운데 이러한 것들이 참으로 많다. 그런데 거짓은 사람을 해치는 흉기다. "자기의 이웃을 쳐서 거짓 증거하는 사람은 방망이요 칼이요 뾰족한 화살이니라"(잠 25:18).

사회에 큰 사고가 발생하면 기다렸다는 듯이 수많은 유언비어나 괴담이 돌아다니고, 선거철만 되면 '아니면 말고' 식의 중상모략이 넘쳐 난다. 국회에서도 면책 특권을 이용하여 근거 없는 괴담을 퍼트린다. 사기, 속임수, 사실 은폐, 왜곡, 곡해, 과장, 모호한 입장 표명, 거짓에 동조, 험담, 비방, 중상모략, 악의에 찬 소문, 유언비어, 루머, 조작, 이간질, 편견 등이 모두 거짓 증언에 해당한다. 거짓의 아비는 사탄이다.

우리의 하나님은 거짓이 없으시다. "영생의 소망을 위함이라 이 영생은 거짓이 없으신 하나님이 영원 전부터 약속하신 것인데"(딛 1:2). "하나님은 사람이 아니시니 거짓말을 하지 않으시고 인생이 아니시니 후회가 없으시도다 어찌 그 말씀하신 바를 행하지 않으시며 하신 말씀을 실행하지 않으시랴"(민 23:19). "이스라엘의 지존자는 거짓이나 변개함이 없으시니 그는 사람이 아니시므로 결코 변개하지 않으심이니이다 하니"(삼상 15:29).

또한 하나님은 거짓을 미워하신다. "마음에 서로 해하기를 도모하지 말며 거짓 맹세를 좋아하지 말라 이 모든 일은 내가 미워하는 것이니라 여호와의 말이니라"(슥 8:17). "여호와께서 미워하시는 것 곧 그의 마음에 싫어하시는 것이 예닐곱 가지이니 … 거짓을 말하는 망령된 증인과 및 형제 사이를 이간하는 자이니라"(잠 6:16, 19).

그러므로 거짓말을 좋아하며 거짓을 지어 내는 자는 결코 하나님 나라에 들어갈 수 없다. "개들과 점술가들과 음행하는 자들과 살인자들과 우상 숭배자들과 및 거짓말을 좋아하며 지어 내는 자는 다 성 밖에 있으리라"(계 22:15). "무엇이든지 속된 것이나 가증한 일 또는 거짓말하는 자는 결코 그리로 들어가지 못하되 오직 어린양의 생명책에 기록된 자들만 들어가리라"(계 21:27). "그런즉 거짓을 버리고 각각 그 이웃과 더불어 참된 것을 말하라 이는 우리가 서로 지체가 됨이라"(엡 4:25).

성도란 어떤 사람이어야 하는가? 성경은 다음과 같이 말한다. "그 입에 거짓말이 없고 흠이 없는 자들이더라"(계 14:5).

기독교 신뢰도 문제

언어는 기본적으로 의사소통 수단이다. 서로 정직하게 말해야만 의사소통이 원활할 수 있다. 거짓을 말하는 것은 조율되지 않은 악기로 연주하는 것과 같다. 거짓말은 공동체의 신뢰성을 떨어뜨려 언어의 힘을 약화시킨다. 사람들 사이에서 평소에 쌓은 신뢰도가 그 관계의 질을 결정하는데, 특히 언어의 신실성이 신뢰도를 높이는 데 크게 기여한다.

신뢰성이 담보되어 있는 말과 행동에는 힘이 있다. 약속을 지키고, 진실하고, 잘못한 일에 진심으로 사과할 줄 알면 감정은행에 신뢰도가 쌓인다. 높은 신뢰도는 의사소통을 원활하게 해 준다. 기업에서 도덕 경영, 감동 경영을 표방하는 것도 다 이러한 면을 고려하기 때문이다. 따라서 진실을 말하는 것은 결국 자신을 위한 길이다.

이솝우화 중 "양치기 소년" 이야기는 너무나 유명하다. 양치기 소년은 하루 종일 양을 지키고 있자니 심심해서 죽을 지경이었다. 그래서 장난삼아 마을을 향해 "늑대가 나타났어요!" 하고 소리를 쳤다. 놀란 마을 사람들이 몽둥이를 들고 허둥대며 달려왔다가 소년의 장난인 것을 알고는 허탈하게 돌아갔다. 그 모습이 재미있던 소년은 그 뒤로 세 번이나 더 똑같은 장난을 쳤다. 그때마다 마을 사람들은 소년의 거짓말에 속아 넘어갔다. 그러던 어느 날 진짜로 늑대가 나타났다. 소년은 울면서 "늑대가 나타났어요!"라고 소리를 쳤지만, 마을 사람들은 또 거짓말일 것이라 생각해 아무도 오지 않았다. 이 이야기의 결말은 무엇일까?

오늘날 기독교의 신뢰도가 크게 하락한 중요한 요인 중 하나는 그리스도인들이 자신이 믿는 대로 살지 않기 때문이다. 말과 행동이 다른 것이다. 행동으로 말의 신뢰를 떨어트린 것이다. 이렇게 그리스도인에 대한 신뢰도가 낮으니 우리가 전하는 말씀도 믿지 않는다. 세상 사람들에게 소위 '말발'이 서지 않는다. 신앙의 생활화를 통해 그리스도인에 대한 신뢰도를 높여야 한다. 진리대로 살지 않는 것은 거짓 증거하는 것과 다를 바가 없다.

거짓이 난무한 세상에서 정직하게 살면 손해를 본다고들 한다. 그런데 말씀대로 살다 손해 볼 줄도 알아야 한다. "정직하면 손해 본다"는 문화를 우리가 "정직하면 잘된다"로 바꾸어야 한다. 신자가 거짓말을 하면 하나님의 이름까지 망령되게 불리게 된다. 다른 사람을 억울하게 만들기도 하고, 명예를 실추시킬 수도 있다. 물론 예의상 하는 거짓말, 선의의 하얀 거짓말, 웃기려는 거짓말도 있다. 그러나 이런 경우에도 조심해야 하고, 결코 지나치면 안 된다.

비밀을 지키기 위해, 생명을 살리기 위해, 이웃 사랑을 위해 진실을 말하지 않는 예외적인 경우가 있을 수 있다. 생명이 더 중요하기 때문이다. 히브리 산파 부아와 십브라는 바로에게 "히브리 여인은 애굽 여인과 같지 아니하고 건장하여 … 그들에게 이르기 전에 해산하였더이다"(출 1:19)라고 거짓말을 했고, 기생 라합은 여리고 군사들에게 "그들이 어디에서 왔는지 나는 알지 못하였고 … 나갔으니 어디로 갔는지 내가 알지 못하나"(수 2:4-5)라고 거짓을 고했다.

그러나 그것은 사람을 살리기 위한 거짓말이었다. 당시 특별한 상황에서, 생명을 위한 선택으로 볼 수 있다. 예외적인 경우이지만, 서로 상충되는 계명일 때에는 생명 보호에 대한 계명이 거짓 금지에 대한 계명보다 우선한다.

제9계명의 긍정적인 표현은 "진실을 말하라"다. 우리는 다윗처럼 기도해야 한다. "하나님이여 내 속에 정한 마음을 창조하시고 내 안에 정직한 영을 새롭게 하소서"(시 51:10). 진실은 강하다. 결국은 진실이 이긴다.

1. 하나님은 무엇을 미워하시나요? (슥 8:17)

2. 모든 거짓말의 배후에는 누가 있나요? (요 8:44)

3. 제9계명을 긍정적으로 표현하면 무엇인가요?

4. 그리스도인에 대한 신뢰도를 높이기 위해 약속 지키기와 정직한 말을 생활화하세요.

10

탐심의 유혹

소유로 증명하고 싶을 때
예수 안에서 자족하라

탐심의 유혹

“네 이웃의 집을 탐내지 말라
네 이웃의 아내나 그의 남종이나 그의 여종이나
그의 소나 그의 나귀나 무릇 네 이웃의 소유를 탐내지 말라”(출 20:17).

▌탐욕이 내면에서 저지르는 일

사막을 여행하던 어떤 남자가 아주 오래된 것으로 보이는 램프 하나를 발견했다. 어릴 때 읽었던 동화 속 요술 램프가 떠오른 그는 호기심에 램프를 살살 문질러 보았다. 그러자 “펑!” 하는 소리와 함께 정말 램프에서 요정이 연기처럼 흘러나왔다. 놀라서 서 있는 남자에게 램프의 요정이 말했다. “주인님, 무엇이든 원하는 소원을 말씀하시죠. 제가 다 들어 드리겠습니다. 그런데 주의하셔야 합니다. 저는 딱 한 가지 소원만 들어 드릴 수 있습니다. 잘 생각하셔서 가장 이루고 싶은 소원 한 가지만 말씀하세요.”

갑자기 소원 한 가지를 말하라고 하니 그의 머리가 복잡해졌다. 결정했다 싶으면 바로 또 다른 소원이 생각났기 때문이다. 돈도 있으면 좋겠고, 예쁜 여자를 만나면 좋겠고, 결혼도 하면 좋겠는데, 한 가지만 말하라니 고민이었다. 하나도 포기하기 싫었던 그는 아주 빠르게 "돈 여자 결혼!"이라고 말했다. 그의 소원은 이루어졌고, 결국 정신이 돈 여자와 결혼하게 되었다. 그저 우스갯소리로 여기기엔 오늘 우리에게 시사하는 바가 큰 이야기다.

지그문트 프로이트(Sigmund Freud)는 성적 본능의 발달 단계를 구강기(0-1세), 항문기(1-3세), 남근기(3-6세), 잠복기(6-12세), 성기기(13-19세), 다섯 단계로 나누었다. 소유에 집착하는 성격은 항문기와 관련이 있다고 그는 주장한다. 강한 소유욕의 단계인 2단계 항문기를 지나서도 계속적으로 성장하지 않고 남아 있으면 항문기 고착 성격이라는 병적 성격을 형성하게 된다는 것이다. 이것이 인색한 수전노나 광적인 수집증 같은 것으로 나타난다.

돈과 배설물, 그리고 탐욕과 배변 콤플렉스 사이에 상관관계가 있다. "돈에 집착하는 콤플렉스와 배변 콤플렉스를 결합시키는 것은 무척 어울리지 않아 보이지만 가장 광범위하게 나타난다. … 사실 고대 바빌론의 교리에 따르면 황금은 '지옥의 똥'이었다." "수전노는 소유하는 경험에서 가장 큰 즐거움을 발견한다. 소유한다는 것은 그에게 아름다움이나 사랑 또는 그 어떤 감각적, 지적 즐거움보다 더 달콤한 즐거움인 것이다."[1]

제10계명은 다음과 같다. "네 이웃의 집을 탐내지 말라 네 이웃의 아내나 그의 남종이나 그의 여종이나 그의 소나 그의 나귀나 무릇 네 이웃의 소유를 탐내지 말라"(출 20:17).

신명기 5장에도 열 번째 계명과 비슷한 명령이 나온다. "네 이웃의 아내를 탐내지 말지니라 네 이웃의 집이나 그의 밭이나 그의 남종이나 그의 여종이나 그의 소나 그의 나귀나 네 이웃의 모든 소유를 탐내지 말지니라"(신 5:21). 두 명령 사이에 차이가 있다면, 신명기에는 광야 시절인 출애굽기에는 없었던 "밭"이 추가되어 있다. 신명기가 기록된 시점에는 이스라엘 민족이 가나안에 도착하여 요단강 동쪽 땅을 이미 소유하고 있었기 때문이다. 생각해 보면 인류의 역사와 함께 탐욕의 목록도 계속해서 늘어 가고 있다. 자동차, 요트, 자가 비행기, 명품, 주식, 부동산, 명예, 권력, 향락 등.

제1계명과 제10계명은 외적 행위에 대한 요구가 아닌 인간 내면에 대한 요구라는 공통점이 있다. 제1계명은 우리 내면에 하나님 이외에 다른 신적 존재를 두지 말라는 명령이고, 제10계명은 밖으로 드러나는 행동보다는 기질이나 성품에 관련된 내면적 요구다. 또한 그렇기 때문에 제10계명은 앞에 나온 계명들의 요약과 결론이라고 할 수 있다. 각종 우상 숭배, 살인, 간음, 유괴, 도둑질, 거짓말, 사기 등을 저지르는 사람의 내면에는 탐욕이 자리 잡고 있기 마련이다. 모든 죄는 탐심에서 시작된다.

‘욕심’(desire)과 ‘탐심’(covetousness)은 비슷해 보이지만 다른 의미를 지니고 있다. 욕심이 아직 실현되지 않은 소원이라고 한다면, 탐심은 실현된 욕심이다. 욕심은 탐심을 불러일으키고, 결국 절도 등의 죄를 낳는다. “밭들을 탐하여 빼앗고 집들을 탐하여 차지하니 그들이 남자와 그의 집과 사람과 그의 산업을 강탈하도다”(미 2:2).

나봇의 포도원에 욕심을 품은 아합과 이세벨은 거짓 증인을 내세워 나봇을 신성 모독이란 누명을 씌워 죽였다. “욕심이 잉태한즉 죄를 낳고 죄가 장성한즉 사망을 낳느니라”(약 1:15). 하나님의 주권과 하나님의 섭리를 믿는다면 이웃의 소유를 넘보지 말아야 한다. 남의 것을 넘보는 것은 하나님의 주권을 부인하는 것이다.

인간 내면의 동기를 살피라

제10계명은 우리의 갈망이 오직 하나님만을 향해야 함을 가르쳐 준다. 우리의 갈망이 하나님이 아닌 다른 것을 향하게 되면 그것은 죄가 된다. 탐욕이나 걱정은 나를 향하거나 세상을 향한 것이다. 이런 의미에서 이 계명은 우리의 마음과 본성의 상태를 돌아보게 해 주고, 다른 계명들을 해석할 수 있는 열쇠가 된다. 더 나아가 다른 계명을 지키는 실제 행위를 평가하는 내적 기준이 된다.

인간의 욕망과 실제 행동은 긴밀하게 연관되어 있지만 항상 일치하거나 동일하게 드러나는 것은 아니다. 따라서 내면의 동기를 살필 필요가 있다. 이 계명은 밖으로 드러난 행위 이전에 내면의 동기를 문제 삼는다. 산상수훈에서 예수님도 율법을 설명하실 때, 살인, 간음, 도둑질 같은 행동 이전에 마음의 미움, 음욕, 탐심을 경계하셨다. 바리새인과 서기관의 외식적인 구제, 기도, 금식 생활을 책망하시면서 내면 동기의 순수성을 강조하신 것이다. 말하자면 제10계명은 십계명 전체를 푸는 열쇠이고, 예수님은 산상수훈에서 이를 상기시켜 주셨다. 그러므로 이 계명은 십계명과 산상수훈 사이의 공통 분모 역할을 한다.

이처럼 십계명은 이미 자체적으로 인간의 생각, 언어, 행동 이전에 놓여 있는 동기의 순수성을 중시하고 있다. 십계명 안에 이미 십계명을 푸는 열쇠가 있는 셈이다. 십계명을 단순히 교리나 윤리적 행위 지침서로 보면 안 되는 이유가 여기에 있다. 행위의 동기, 내면의 상태를 간과하면 율법주의나 형식주의로 빠지기 쉽다. "사람에게서 나오는 그것이 사람을 더럽게 하느니라 속에서 곧 사람의 마음에서 나오는 것은 악한 생각 곧 음란과 도둑질과 살인과 간음과 탐욕과 악독과 속임과 음탕과 질투와 비방과 교만과 우매함이니 이 모든 악한 것이 다 속에서 나와서 사람을 더럽게 하느니라"(막 7:20-23).

이성봉 목사의 《명심도 강화》에 보면 옛사람의 마음에는 각종 짐승, 즉 공작(교만), 염소(호색), 돼지(탐욕), 자라(게으름), 호랑이(포악), 뱀(거짓), 여우(의심) 같은 것들이 살고 있다. 인간의 타락한 마음에서 음란, 도둑질, 살인, 간음, 악독, 속임, 질투, 비방, 교만, 우매함 등이 나오는 것이다. 십계명이 금하고 있는 살인, 간음, 도둑질, 거짓 증거, 안식일을 지키지 않음, 부모를 거역함, 우상 숭배 같은 죄들은 다름 아닌 인간 내면에 존재하는 탐욕의 여러 가지 표현이다.

하나님을 배반한 아담, 살인한 가인, 도둑질한 아간, 간음한 다윗 등 모든 범죄의 중심에는 탐욕이 도사리고 있다. 제10계명은 불의한 행동의 뿌리가 되는 탐욕적인 동기를 금하는 것이다. 왜냐하면 탐심은 일만 악의 뿌리가 되기 때문이다. "부하려 하는 자들은 시험과 올무와 여러 가지 어리석고 해로운 욕심에 떨어지나니 곧 사람으로 파멸과 멸망에 빠지게 하는 것이라 돈을 사랑함이 일만 악의 뿌리가 되나니 이것을 탐내는 자들은 미혹을 받아 믿음에서 떠나 많은 근심으로써 자기를 찔렀도다"(딤전 6:9-10).

모든 선과 악은 인간의 마음에 뿌리내리고 있다. 그러니 탐심에서 모든 악한 것들이 나온다. 탐심은 모든 죄의 시작점이다. 탐심은 시험을 부르고, 탐심 때문에 스스로 근심에 빠지게 된다. "음행과 온갖 더러운 것과 탐욕은 너희 중에서 그 이름조차도 부르지 말라 이는 성도에게 마땅한 바니라"(엡 5:3). "너희도 정녕 이것을 알거니와 음행하는 자나 더러운 자나 탐하는 자 곧 우상 숭배자는 다 그리스도와 하나님의 나라에서 기업을 얻지 못하리니"(엡 5:5).

광야에서 하나님께 불평하고 하나님을 불신하다가 메추라기 사건 후에 탐욕으로 죽은 이스라엘이 장사된 곳이 '기브롯 핫다아와'(탐욕의 무덤)다. 그런데 탐욕은 그 광야에 묻히지 않고 지금도 여전히 사람이 가는 곳마다 따라다닌다. "고기가 아직 이 사이에 있어 씹히기 전에 여호와께서 백성에게 대하여 진노하사 심히 큰 재앙으로 치셨으므로 그곳 이름을 기브롯 핫다아와라 불렀으니 욕심을 낸 백성을 거기 장사함이었더라"(민 11:33-34).

물질은 영혼을 채우지 못한다

당시에 존경받는 선생님이기도 했던 예수님께 재산 분할을 부탁한 사람이 있었다. "선생님, 내 형을 명하여 유산을 나와 나누게 하소서." 당시 율법에 따르면, 형에게 3분의 2, 동생에게 3분의 1을 나누어 주면 되는 문제였다. 그런데 예수님은 "삼가 모든 탐심을 물리치라 사람의 생명이 그 소유의 넉넉한 데 있지 아니하니라"(눅 12:15)라고 말씀하셨다.

아무리 법률적으로 정당하게 나누어도 사람은 만족할 줄 모른다. 인생은 소유(돈)에 달려 있지 않다. 마지막 심판 때에 소유한 물질의 양으로 우리 인생이 평가되지 않는다. 하나님은 우리가 얼마나 가졌느냐에 관심이 없으시다. 오히려 얼마나 나누고 베풀어 주었느냐, 얼마나 주를 위해 썼느냐에 관심이 있으시다.

그리고 예수님은 한 부자의 비유를 말씀하셨다(눅 12:16-21). 모두 다 부러워할 만큼 성공한 그 부자의 소출은 풍성했다. 더구나 그는 지혜로운 사람이었기에 많은 소출을 보관할 창고를 더 크게 준비했다. 그리고 그의 계획은 적중했다. 창고마다 가득 채우고 만족한 그는 스스로에게 다음과 같이 말했다. "영혼아 여러 해 쓸 물건을 많이 쌓아 두었으니 평안히 쉬고 먹고 마시고 즐거워하자"(눅 12:19).

세상 사람들은 그를 성공한 사람, 지혜로운 사람, 부러운 사람으로 볼지 모른다. 그러나 하나님은 이 부자를 "어리석은 자"라고 부르신다. 그는 왜 지혜롭지 않고 어리석은가?

우선 내일 자신이 죽을 것을 모르기 때문에 어리석다. 사람은 내일 일을 모른다. 일만 열심히 하고 쓰지도 못하고 죽게 되었으니 그는 어리석다. 창고에 잔뜩 쌓아 둔 것을 누가 가져갈지 모르니 어리석다. 그 물질이 좋은 일에 쓰이게 될지, 나쁜 일에 쓰이게 될지 모르니 어리석다. 사람의 생명이 소유의 넉넉함에 있는 줄로 착각했으니 어리석다. 자신의 가치를 자산의 가치로 평가하려 한 것이 어리석다.

　더구나 왜 갑자기 자기 "영혼"을 부르는가? 아마도 자기 영혼이 텅 비어 있어서 허전했는지 모른다. 아무리 먹고 마시고 즐겨도 영혼의 허기를 느꼈는지 모른다. 그래서 자기 영혼을 부르고 있다. 그의 가장 큰 어리석음은 물질이 자기 영혼의 필요까지 채워 줄 것으로 착각한 것이다. 그는 평생을 그렇게 속아 살았다. '조금만 더', '조금만 더 모으면' 하면서 살았다.

　그는 많은 물질이 영혼의 필요를 채워 주지 못한다는 것을 끝까지 알지 못했다. 이 세상에 완전한 것, 절대적인 것, 영원한 것은 없다는 것을 알지 못했기에 그는 어리석게 살다 떠났다. 그는 세상에서는 부요했으나 하나님 앞에서는 가난뱅이였다.

　영국 캔터베리 대주교 존 틸럿슨(John Tillotson)은 다음과 같이 말했다. "이 세상의 삶을 위해서는 많은 것들을 대비하지만, 영원의 세상에는 아무 관심도 갖지 않는 사람은 잠시 현명할지 몰라도 영원한 바보가 된다." 자본주의의 슬로건은 "모든 욕망은 충족되어야 한다"고 우리를 부추긴다. 탐욕의 결과물인 소유와 자산이 우리의 힘이 되어 줄 수 있다고 믿는다. 그래서 탐욕이 우리의 생각과 삶을 이끌어 간다. 이것은 허망한 삶이다.

　"그러므로 땅에 있는 지체를 죽이라 곧 음란과 부정과 사욕과 악한 정욕과 탐심이니 탐심은 우상 숭배니라"(골 3:5). 탐욕이 곧 우상 숭배다. 욕망을 추구하면 할수록 파멸에 이르고, 욕망을 초월할 때 덕성이 생기고 행복에 이르게 된다. 욕심을 내려놓을 때 비로소 행복해진다. 탐욕은 다른 사람이 잘되는 꼴을 못 보게 만든다. 다른 사람을 사랑의 대상이 아닌 경쟁자로 보게 한다.

다윗을 대하는 사울이 그랬다. 다른 사람의 것을 탐하면서 그를 경쟁자로 여기니 끊임없이 비교하고, 시기하고, 미워하고, 그가 망하기를 바라고, 그의 자리를 탐하면서 그가 낙마하기를 바란다. 부모 공경 대신 유산을 상속받고자 고대하는 자식은 부모가 죽을 날만을 고대한다. "내 마음을 주의 증거들에게 향하게 하시고 탐욕으로 향하지 말게 하소서"(시 119:36). "은을 사랑하는 자는 은으로 만족하지 못하고 풍요를 사랑하는 자는 소득으로 만족하지 아니하나니 이것도 헛되도다"(전 5:10).

▌예수님 안에서 채워지는 존재의 그릇

쾌락이 쾌락으로 채워지지 않는 것처럼, 욕망은 결코 욕망하는 것으로 채워지지 않는다. "밑 빠진 독에 물 붓기"다. 오히려 욕망은 영성을 가리키는 화살표다. 내 영혼에 하나님 자리가 비어 있음을 가르쳐 주고 하나님을 향하게 만드는 것이다. 욕망의 그릇은 오직 인간을 창조하신 하나님으로만 채워진다. 하나님을 모실 때까지는 결코 세상의 어떤 것으로도 채울 수 없다. 따라서 진정한 만족은 물질에서 오지 않고 믿음에서 온다.

하나님이 나의 목자가 되실 때에만 부족함이 없다. "여호와는 나의 목자시니 내게 부족함이 없으리로다"(시 23:1).

수입이 늘어도 왜 여전히 여유가 생기지 않을까? 수입이 느는 만큼 지출이 늘어나기 때문이다. 그릇을 계속 키우는 한 채울 수가 없다. 욕심의 그릇을 줄여야만 행복할 수 있다. 탐심은 남의 것에 대한 욕심이기도 하지만 내려놓지 못한 욕망이기도 하다. 자기 스스로 누릴 수 있는 것에 대한 나름의 한도를 정하고 단순한 삶을 살면서 넘치는 것들을 나눌 수 있어야 한다. 베풀고 나눔으로써 욕망을 내려놓는 훈련을 할 수 있다.

《새로운 존재》(뉴라이프스타일, 2008)에서 폴 틸리히(Paul Tillich)는 존재와 비존재를 나눈다. 교만하여 원존재이신 하나님에게서 이탈하여 소외되어 있는 실존의 인간은 불안의 상태에 있으며 탐욕을 부린다. 하나님을 떠난 불안한 인간은 더 많이 소유함으로써 자신의 불행을 극복하려 한다. 그래서 존재를 상실한 인간은 탐욕의 노예가 된다.

그러나 예수님은 새로운 존재가 되는 길을 보여 주셨다. 우리는 새로운 존재가 되신 예수님 안에서 존재를 회복해야 한다. 예수님 안으로 들어가야만 탐욕에서 벗어날 수 있다. 그것이 새로운 존재다. "그런즉 누구든지 그리스도 안에 있으면 새로운 피조물이라 이전 것은 지나갔으니 보라 새것이 되었도다"(고후 5:17).

에리히 프롬(Erich Fromm)은 《소유냐 존재냐》에서 인간의 양태를, 인간이 무엇을 지향하느냐에 따라 "소유 지향적인 인간"
과 "존재 지향적인 인간"으로 나눈다. 그는 인류가 생존을 계속
하며 평화와 안녕을 되찾는 길은 우리 인간성의 구조를 '소유
지향'에서 '존재 지향'으로 전환시키는 길밖에 없다고 보았다.
프롬은 현대인의 삶의 양식을 크게 '소유 양식'과 '존재 양식'으
로 구분하고, '소유 양식'에 빠진 현대인이 '존재 양식'을 회복하
는 코페르니쿠스적 전환을 통하여 진정한 창조적 삶을 추구해
야 한다고 주장한다.

현대 사회의 근본 문제는 인간의 '소유 지향'의 그릇된 양태
에서 비롯된다. 이러한 문제는 인간의 '존재 지향'으로 해결할
수 있다. '존재 지향'은 나누고 섬기려는 마음으로 사는 것을 의
미한다. 오늘날의 위기에서 벗어나기 위해서는 '존재 지향'의
새로운 사회상과 인간상이 필요하다.

예수님은 팔복을 말씀하시면서 소유의 복이 아닌 존재의 복
을 강조하셨다. 소유를 추구하는 삶은 유혹에 빠지기 쉽다. 예
수님이 광야에서 받으신 세 가지 시험은 물질, 명예, 권력에 대
한, 세상이 추구하는 탐심에 관한 것이었다. 사탄은 소유, 평
판, 권력으로 자신을 드러내라고 예수님을 유혹했다. 이는 다
름 아닌 당시의 사회상인 헬라적, 히브리적, 로마적 최고 가치
였다. 그러나 예수님은 이런 헬라적, 히브리적, 로마적 유혹을
물리치셨다. 예수님은 물질, 기적, 권력을 소유함으로 자신을
증명하지 않으시고 하나님과의 관계를 통하여 존재의 정체성

을 분명히 하셨다.

존재를 지향하는 삶은 하나님께 뿌리내린 깊은 영성을 소유하게 한다. 반면 소유한 것으로 자신을 증명하려는 시도는 결국 거짓 자아를 만들어 낼 뿐이다. 나의 모습 그대로, 예수님처럼 '하나님이 기뻐하시는 자요, 하나님의 자녀'라는 자기 존재에 대한 분명한 정체성을 가져야 한다.

자기 정체성에 대한 사탄의 유혹은 "부자가 되라", "유명한 자가 되라", "권력자가 되라"는 것이었다. 이 세 가지 시험에서 예수님과 사탄은 두 가지 정반대되는 원리의 대표자로 나타난다. 사탄은 물질적 소유의 대표자이자 자연과 인간을 지배하는 권력의 대표자다. 예수님은 존재의 대표자이자 소유하지 않음이 존재의 전제가 된다는 이념을 대표하신다.

염려가 틈타지 않도록 기도하라

오늘날 하나님의 가장 강력한 경쟁 상대는 바로 돈이다. 우리가 그렇게 만들었다. 맘몬이 신이 되어 버린 세상에서 우리는 살고 있다. "한 사람이 두 주인을 섬기지 못할 것이니 혹 이를 미워하고 저를 사랑하거나 혹 이를 중히 여기고 저를 경히 여김이라 너희가 하나님과 재물을 겸하여 섬기지 못하느니라"(마 6:24).

왜 이런 일이 발생했는가? 우리가 돈에 신적인 능력을 부여하기 때문이다. 돈이면 안 되는 것이 없다고 생각하기 때문이다. 돈을 '안심의 원천', '만족의 원천'으로 삼기 때문이다. 통장의 잔액, 금고의 지폐, 금덩어리, 주식 등 바라만 보고 있어도 기분이 좋다. 쓰지도 못하고, 쓰지도 않으면서 그냥 보며 안심하고 만족하는 것이다.

존 맥아더(John MacArthur) 목사는 《자족 연습》(토기장이, 2015)에서 우리의 염려에 대한 성경적 정의를 잘 설명해 준다. "염려란 우리가 주제넘게도 하나님의 능력과 사랑을 불신하는 것이다." 염려는 하나님에게서 눈을 떼어 상황만을 바라보는 것이다. 하나님은 우리가 이 세상의 한시적인 것에 몰두하지 않고 하나님께 몰두하기를 원하신다. 이런 의미에서 염려는 불신앙의 죄이며 하나님의 권한을 월권하는 것이다.

염려는 믿음과 반대되는 것이다. 그러므로 염려를 바르게 다루지 못하면 믿음도 없다. 더 나아가 염려는 우리의 삶을 피폐하게 만든다는 점에서 파괴적이기도 하다. 염려는 하나님의 인격과 성품에 반하는 것이다. 염려하지 말고 믿어라.

예수님의 산상수훈을 보면 두 가지 기도에 대한 가르침(마 6:5-15, 7:7-12) 사이에 염려(마 6:25-34)에 대한 권면이 나온다. 기도를 잠시 쉴 때 염려가 틈탄다. 그러므로 예수님은 "염려하지 말고 기도하라"고 말씀하신다. 염려라는 생각을 바로 기도로 바꾸어야 한다. 같은 문제라도 세상을 향하거나 나를 향할 때 염려가 되고, 문제를 가지고 하나님을 향하면 기도가 된다. 기도는 문제를 가지고 하나님께 나가는 길이다.

우리는 기도와 염려를 동시에 할 수는 없다. 기도 아니면 염려다. 그러므로 염려하지 말고 기도하라. 문제에 하나님을 개입시키는 것이 기도다. 예수님은 참새의 믿음, 백합화의 믿음을 보라고 하신다. 하나님은 '나의 아저씨'가 아니라 '나의 아버지'이시다. 염려는 하나님이 내 아버지이심을 믿지 못하거나 하나님이 사랑이시라는 사실을 믿지 못할 때 생긴다. 영적 성숙함은 하나님과 이웃을 향한 겸손과 하나님의 돌보심에 대한 믿음으로 드러난다.

▌ 자족하는 마음

자족하는 마음만 있어도 우리는 평안을 누릴 수 있다. "그러나 자족하는 마음이 있으면 경건은 큰 이익이 되느니라 우리가 세상에 아무것도 가지고 온 것이 없으매 또한 아무것도 가지고 가지 못하리니 우리가 먹을 것과 입을 것이 있은즉 족한 줄로 알 것이니라"(딤전 6:6-8).

자족은 하나님이 주신 것에 만족하고 감사하는 삶의 태도다. 나는 '하나님의 집'에서 일어나 씻고, '하나님이 주신 아내'와 함께 '하나님이 주신 음식'을 먹고, '하나님의 차'를 타고 '하나님의 교회'에 나와 '하나님의 사람들'과 더불어 '하나님의 말씀'을 나누고 '하나님의 일'을 하며 '하나님이 주신 재물'을 사용한다. 하나님이 주신 이 모든 것, 즉 아내, 자녀, 성도, 교회, 집, 자동차, 음식, 일이 나에게는 최상, 최고의 것이며 그래서 항상 감사하다. 나는 부족한 것이 없다. 나는 더 바랄 것이 없다.

"하나님이 능히 모든 은혜를 너희에게 넘치게 하시나니 이는 너희로 모든 일에 항상 모든 것이 넉넉하여 모든 착한 일을 넘치게 하게 하려 하심이라"(고후 9:8). "네가 이 세대에서 부한 자들을 명하여 마음을 높이지 말고 정함이 없는 재물에 소망을 두지 말고 오직 우리에게 모든 것을 후히 주사 누리게 하시는 하나님께 두며 선을 행하고 선한 사업을 많이 하고 나누어 주기를 좋아하며 너그러운 자가 되게 하라 이것이 장래에 자기를 위하여 좋은 터를 쌓아 참된 생명을 취하는 것이니라"(딤전 6:17-19).

자신이 탐하는 사람인지, 자족하는 사람인지 알고 싶은가? 한번 생각해 보자. 친구가 새 차를 구입하고, 집도 넓혀 이사를 했고, 직장에서는 진급을 하고, 자녀는 좋은 대학에 합격을 했다. 만약 탐하는 사람이라면 질투하고, 시기하고, 분노하고, 그의 결점을 찾아 험담을 늘어놓을 것이다. 그러나 자족하는 사람이라면 친구의 좋은 일에 진정으로 기뻐하고, 축하하고, 함께 즐거워할 것이다.

탐하는 사람은 소유를 추구하지만, 자족하는 사람은 나눔을 추구한다. 탐심으로 불평하지 말고 자족하는 법을 배워 기뻐하라. 주어진 것에 감사하는 마음, 주고 나누는 데서 오는 기쁨을 알아야 한다.

"내가 궁핍하므로 말하는 것이 아니니라 어떠한 형편에든지 나는 자족하기를 배웠노니 나는 비천에 처할 줄도 알고 풍부에 처할 줄도 알아 모든 일 곧 배부름과 배고픔과 풍부와 궁핍에도 처할 줄 아는 일체의 비결을 배웠노라 내게 능력 주시는 자 안에서 내가 모든 것을 할 수 있느니라"(빌 4:11-13). "돈을 사랑하지 말고 있는 바를 족한 줄로 알라 그가 친히 말씀하시기를 내가 결코 너희를 버리지 아니하고 너희를 떠나지 아니하리라 하셨느니라"(히 13:5).

탐심은 우상 숭배이자 낙타다. 낙타는 바늘귀로 들어갈 수 없다. 이러한 탐심의 반대는 자족이며 하나님을 섬기는 것이다. 자기 파괴적 탐욕에서 벗어나야 한다. 소유에서 떠나 존재하라!

아무리 완벽한 법이라도 외적 행동의 규제에는 한계가 있다. 신앙의 윤리는 법으로 요구할 수 있는 것 이상을 목표로 하기 때문이다. 다른 계명들은 허용된 행동의 한계, 즉 경계선을 다루는 것이기에 윤리의 관점에선 미진한 점이 있다. 그러나 마지막 제10계명은 윤리적 판단이 필요함을 밝히고 있다. 행동의 동기를 중시하는 마지막 계명은 내면의 완성을 추구한다.

그런 점에서 열 번째 계명은 십계명 전체를 법에서 윤리적 규범으로 고양시켜 준다. 윤리는 당위보다는 존재의 문제를 우선시한다. "탐내지 말라"는 제10계명은 앞에서 명령한 다른 계명들을 해석할 때나 거기에서 언급되지 않은 그 밖의 문제들에 다양하게 적용할 수 있는 중요한 원칙이다. 물론 이를 위해서는 유추적 상상력과 윤리적 상상력이 필요하다. 제10계명은 십계명이 미처 규정하지 못한 신앙 윤리들까지 다룰 수 있는 안전 장치다.

제10계명을 긍정적인 표현으로 바꾸면 다음과 같다. "자족하는 마음으로 감사하라." 십계명은 우리를 억압하고 속박하는 것이 아니다. 오히려 우리를 거룩하게 하여 하나님의 자녀로서 자유로운 삶을 영위하도록 인도하는 나침반이라 할 수 있다.

1. 출애굽기 20:17과 신명기 5:21을 비교하면, 신명기에 무엇이 추가되어 있나요?

2. 골로새서 3:5에서는 탐심이 무엇이라고 했나요? (엡 5:5 참고)

3. 누가복음 12:15에서는 사람의 생명이 무엇에 있지 않다고 했나요?

4. 누가복음 12장 비유에 나오는 부자는 왜 어리석을까요? (눅 12:16-21)

5. 자족하는 마음으로 매일 세 가지씩 하나님께 감사하세요.

결국 사랑이다

지금까지 배운 십계명은 결국 우리에게 하나님이 누구신지를 알려 준다. 십계명을 통해 하나님이 무엇을 좋아하시며, 무엇을 싫어하시는지, 하나님의 성품이 드러난다. 하나님이 어떤 분이신지, 그리고 구원받은 우리가 어떻게 하나님의 자녀다운 삶을 살 것인지를 보여 준다. 십계명은 하나님의 뜻을 알려 주고, 무엇이 의인지, 무엇이 죄인지, 하나님의 자녀로서 어떻게 살아야 하는지에 대한 완벽한 지침이다.

세월이 지나고 상황이 바뀌어도 우리의 인생의 방향을 잡아 줄 수 있는 지침과 기준이 필요하다. 하나님의 말씀인 십계명은 바로 우리가 흔들릴 때 우리를 붙들어 주는 선명한 인생 기준이다. 특별히 하나님이 주신 자유와 행복을 누리기 위해서는 삶의 울타리 역할을 하는 바운더리가 필요하다. 우리는 하나님께서 주신 넓은 안전지대에서 살아가야 하고, 경계선 가까이에서 머무는 것은 한시라도 조심해야 하고, 선을 넘는 것에 대해서는 '아니오'라고 과감하게 말해야 한다. 우리는 십계명에서 하나님이 그어 주신 선을 지켜야 한다.

십계명의 정신은 한마디로 표현한다면 '사랑', 즉 하나님 사랑과 이웃 사랑이다. 사랑하면서 살라! "네 마음을 다하고 목숨을 다하고 뜻을 다하여 주 너의 하나님을 사랑하라 하셨으니 이것이 크고 첫째 되는 계명이요 둘째도 그와 같으니 네 이웃을 네 자신같이 사랑하라 하셨으니 이 두 계명이 온 율법과 선지자의 강령이니라"(마 22:37-40).

이렇게 보면 십계명을 다 지켰다고 자신 있게 말할 수 있는 사람은 아무도 없다. 십계명은 우선 우리의 잘못을 깨닫게 한다. 십계명을 완벽하게 지킨 사람은 하나도 없었고, 앞으로도 없을 것이다. 그래서 그리스도의 긍휼하심을 구하게 한다. 십계명은 우리를 겸손하게 하고 예수님께로 인도한다. 날마다 예수님의 십자가 은혜를 의지하게 만든다. 그리고 우리를 하나님의 뜻을 따라 교육한다. 성령의 역사로 말미암아 거룩함에 이르는 구체적인 가이드가 십계명에 담겨 있다.

이 말씀을 지킴으로 약속된 충만한 복을 누리시길 바란다.

주

들어가는 말

1 강영안, 《십계명 강의》 (서울: IVP, 2009), 15.
2 노슨 셔먼, 《열 마디 말씀》 (서울: 대서출판사, 2012), 46.
3 Christoph Dohmen, "Origins and goals of biblical ethics as illustrated as illustrated by the first commandment of the Decalogue", *Communio* 19 (Spring, 1992), 45.
4 H. G. 프리체, "십계명에 나타난 기독교 윤리의 기원", 〈신학사상〉 제15집 (1976. 12), 777.
5 박준서, 《십계명 새로보기》 (서울: 한들출판사, 2001), 12.
6 H. G. 프리체, 앞의 책, 779.

1. 내 안의 우상

1 카일 아이들먼, 《거짓신들의 전쟁》 (서울: 규장, 2013), 12.
2 Walter Harrelson, *The Ten Commandments and Human Rights* (Philadelphia: Fortress Press, 1980), 61.
3 팀 켈러, 《내가 만든 신》 (서울: 두란노, 2017), 21.
4 김용규, 《신》 (서울: IVP, 2018), 817.
5 Walter Harrelson, 앞의 책, 59.
6 카일 아이들먼, 앞의 책, 59.

2. 날 위해 존재하는 신

1 정착하여 살던 농경 문화의 건축물에서는 많은 형상들이 발견되는데, 유목 문화였던 이스라엘에서는 대체로 형상이 발견되지 않는다.

2 하비 콕스, 《세속도시》(서울: 대한기독교서회, 1999), 신판 6쇄, 41.

3 크리스토퍼 라이트, 《이것이 너희 신이다》(서울: IVP, 2022), 62.

4 김용규, 《데칼로그》(서울: 바다출판사, 2002), 80. 김용규는 십계명을 존재론적 의미에서 일관되게 해석한다. 모든 계명이 금지하고 있는 것들은 자유로 부름을 받은 인간이 존재가 아닌 피조물을 섬기는 우상 숭배의 다양한 형태라는 것을 설득력 있게 논증하고 있다.

3. 권위의 오남용

1 김용규, 《데칼로그》(서울: 포이에마, 2015), 111-112.

2 Stanley M. Hauerwas & William H. Willimon, *The Truth About God* (Nashville: Abingdon Press, 1999), 42.

3 노슨 셔먼, 앞의 책, 106.

4 Walter Kaiser, *Toward Old Testament Ethics* (Grand Rapids, Michigan: Zondervan Publishing House, 1991), 85.

5 로널드 엔로스, 《영적 학대》(서울: 생명의말씀사, 1997) 참고.

6 한기채, 《한국 교회 7가지 죄》(서울: 두란노, 2021), 26.

7 Donald W. McCullough, *The Trivialization of God: The Dangerous Illusion of A Manageable Delty* (Colorado Springs, Colo: NavPress, 1995).

4. 쉼의 필요

1 송제근, "제4계명의 구약적 의미와 현대적 적용", 〈목회와신학〉(2000. 3), 59.

2 안식일 규정에는 가족의 개념이 아들, 딸에게서 남종, 여종, 나그네, 육축으로까지 광의적으로 피력되어 있다. 여기에서 인권과 동물권에 대한 생각을 유추할 수 있다.

3 Karen Bueton Mains, *Making Sunday Special* (Waco, Tex: Word Books, 1987), 25.

4 오늘날 기술 문화는 공간의 정복에 지대한 관심을 두고 있는데, 기독교는 시간의 성화에 관심을 기울여야 한다. 첨단 과학 기술의 하이테크는 감성과 영성을 강조하는 문화나 종교로 세례(하이터치)를 받아야 한다.

5 월터 브루그만, 《안식일은 저항이다》 (서울: 복있는사람, 2016), 17.

6 레티 카우만, 《골짜기의 샘》 (서울: 토기장이, 2023), 307.

7 김용규, 《데칼로그》 (서울: 포이에마, 2015), 148.

8 박준서, 앞의 책, 99.

6. 천하보다 귀한 것

1 Walter Harrelson, 앞의 책, 104.

2 구약에서는 간음, 부모에 대한 패륜, 동성애, 안식일을 범한 행동에 대하여 사형을 명했으나, 이제 더 이상 그대로 시행할 수 없는 바와 같이 사형은 생명에 대한 존중 사상으로 대치되는 것이 바람직하다.

7. 성(性) 사용 설명서

1 Walter Harrelson, 앞의 책, 131.

2 카일 아이들먼, 앞의 책, 149.

8. 부의 축적과 공평

1 Robert Gnuse, *You Shall Not Steal* (Maryknoll, NY: Orbis Books, 1985), vii.

2 Walter Harrelson, 앞의 책, 135.

3 Robert Gnuse, 앞의 책, 7.

4 한기채, "하나님의 것과 내 것 '사이'에서: 공의 윤리", 〈목회와신학〉 99권 (1997. 9), 180-187.

5 켄 가이어, 《묵상하는 삶》 (서울: 두란노, 2000), 191.

9. 기독교 신뢰의 문제

1 Walter Harrelson, 앞의 책, 143.
2 나봇의 포도원 이야기를 보면, 이세벨은 두 거짓 증인을 세워 나봇을
   돌로 쳐 죽이는 판결을 이끌어 낸다(왕상 21:10).

10. 탐심의 유혹

1 김용규, 《데칼로그》(서울: 바다출판사, 2002), 339-340 재인용.